Ruthie Delk

Durst nach Gnade

Warum das Evangelium auch für Christen wichtig ist

Über die Autorin

Ruthie Delk wuchs in Belgien auf und studierte Sonderpädagogik an der *Furman University* in Greenville, South Carolina, USA. Sie und ihr Mann David leben in Orlando, Florida. David leitet die christliche Organisation *Man in the Mirror*. Gemeinsam haben sie drei Kinder. Ruthie hat ein Anliegen für Frauenarbeit.

Über die Illustratorin

Deb McCrary studierte Kunst und Mathematik am *Houghton College*. Seit frühster Kindheit ist sie vom Malfieber erfasst. Deb lebt mit ihrem Mann in Orlando, Florida und ist Mutter von drei Kindern.

Ruthie Delk

Durst nach Gnade

Warum das Evangelium
auch für Christen wichtig ist

Ruthie Delk
Durst nach Gnade
Warum das Evangelium auch für Christen wichtig ist

ISBN 978-3-86353-150-8
Bestell-Nr. 271.150

Titel des amerikanischen Originals:
Craving Grace

1. Auflage

www.cv-dillenburg.de
Übersetzung: Svenja Tröps
Satz: Christliche Verlagsgesellschaft Dillenburg
Umschlaggestaltung: Jana Klappert;
Christliche Verlagsgesellschaft Dillenburg
Umschlagmotiv: sidmay/Shutterstock.com
Bild "Wasser" im Innenteil: © StudioSmart/Shutterstock.com
Illustrationen: Deb McCrary
Druck: GGP Media GmbH, Pößneck
Printed in Germany

Inhalt

Denn es ist gut,
dass das Herz durch Gnade gefestigt wird.
Hebräer 13,9

Warum dieses Buch?

Wenn Sie dieses Buch lesen, halten Sie einen Teil meines Herzens in Ihren Händen. Offen gesagt erfüllt mich dieser Gedanke mit Demut. Ich bete, dass die in diesem Buch vorgestellte Grafik und die dazugehörigen Erklärungen Ihr Herz öffnen werden und dass Sie anschließend das Evangelium mit neuen Augen sehen können.

Sie werden hier keine wahnsinnig neuen Wahrheiten hören. Was ich schreibe, wurde bereits von anderen Menschen geschrieben, die theologisch viel mehr Ahnung haben als ich und auch bekannter sind. Was Sie in Ihren Händen halten, sind die Souvenirs meiner persönlichen Reise – einer Reise, auf der Gott Leben in etwas hauchte, das für mich steril und bedeutungslos geworden war.

Können Sie sich vorstellen, dass ich das Evangelium mit diesen Worten beschreiben könnte? *Steril und bedeutungslos?* Vor 20 Jahren hätte das die Bedeutung und die Auswirkungen des Evangeliums in meinem Leben perfekt umschrieben.

In jener Zeit konnte ich einen Lebenslauf vorweisen, auf den vielleicht sogar ein Paulus neidisch gewesen wäre. Ich bin in einer gläubigen Familie großgeworden und habe mich als Kind bereits früh bekehrt (genau genommen waren meine Eltern sogar Missionare – dafür *muss* es Extrapunkte geben!). Bis zu meinen frühen Jugendjahren wusste ich schon auf alle Fragen die richtigen Antworten (zumindest dachte ich das damals). Außerdem konnte ich auf meiner geistlichen Tretmühle ein beeindruckendes Tempo vorweisen.

Während der amerikanischen Highschool und im Studium besaß ich ein zerlesenes Exemplar des Buches *Streben nach Heiligung* von Jerry Bridges. Dieses Buch hatte bei mir quasi Bibelstatus. Ich besaß weitere Exemplare zum Verschenken und war fest überzeugt: *Heiligkeit ist greifbar, wenn ich mich nur wirklich anstrenge.*

Aber während mein Ehemann David sich in einem Bibelseminar ausbilden ließ, fiel ich in eine Glaubenskrise, die eine tiefe Kluft zwischen meinem Kopf und meinem Herzen offenbarte (tolles Timing, nicht wahr?). Von morgens bis abends quälte mich folgende Frage: *Wenn das wirklich wahr ist, warum hat es dann keine Auswirkungen auf mein Leben? Auf Enttäuschungen, die ich erfahre? Auf Leid, dem ich ausgesetzt bin? Auf meine Rolle als Mutter, als Ehefrau und so weiter? Wenn das alles wahr ist, warum sehe ich keine Veränderungen und Fortschritte bei mir?*

> Wenn das wirklich wahr ist, warum hat es dann keine Auswirkungen auf mein Leben?

Ich stand kurz vor dem geistlichen Burnout. Wenn mir jemand geraten hätte, noch eine weitere Sache zu *tun*, dann hätte ich mich übergeben. Ganz im Ernst! Ich war so müde, ich war es so leid, aber ich war in meiner Leistungstretmühle gefangen. Ich sah keinen Ausweg. Ich war ausgetrocknet, die Zunge hing mir regelrecht aus der Kehle. Ich hatte Durst. Aber ich hatte keine Ahnung, was meinen Durst löschen sollte.

Ich war davon überzeugt, dass das Evangelium die Macht und die Kraft hatte, Menschen zu verändern; aber es veränderte *mich* nicht. Und ich war so unglücklich. Die Kluft zwischen Kopf und Herz zeigte sich zum Beispiel in folgenden Fragen:

» *Wenn ich wirklich glaubte, dass Gottes Liebe bedingungslos ist, warum fühlte ich mich an Tagen, an denen es „gut lief", geliebt und an Tagen, an denen es „schlecht lief", verlassen?*

» *Wenn ich wirklich glaubte, dass Gott alles im Griff hatte, warum hatte ich dann so oft Angst?*

» *Wenn ich wirklich glaubte, dass er bei mir war, warum fühlte ich mich dann so oft allein?*

» *Wenn ich wirklich glaubte, dass er mich durch seine Gnade errettet und mir vergeben hatte, warum fiel es mir dann so schwer, anderen die gleiche Gnade zukommen zu lassen?*

Mein Kopf war voll mit tiefen Erkenntnissen über die wunderbaren Eigenschaften Gottes, aber in meinem Herzen zweifelte ich, ob er überhaupt meinen Namen kannte.

Während dieser Zeit hielt Jerry Bridges am Bibelseminar Vorträge zum Thema „Verändernde Gnade“ – eine Fügung, die nur von Gott kommen konnte. David wusste, wie sehr ich das Buch *Streben nach Heiligung* mochte und auch, wie sehr ich in meinem Glauben kämpfte. Er ermutigte mich, diese Vorträge zu besuchen. Wenn ich heute auf diese Zeit zurückschaue, bin ich fest davon überzeugt, dass Gott diesen Kurs und das dazugehörige Buch gebrauchte, um mir sein Konzept von Gnade vorzustellen, meinen Durst zu löschen und mir wieder Leben einzuhauchen.

Was für eine Ironie: Während ich dieses Buch schrieb, brachte Jerry Bridges ein neues Buch heraus: *The Transforming Power of the Gospel* (zu Deutsch etwa: „Die verändernde Kraft des Evangeliums“). Neulich sagte er in einem Interview: „Mein erstes Buch, *Das Streben nach Heiligung*, wurde zu einem Bestseller. Aber ich habe schnell festgestellt: Wenn das Streben nach Heiligung nicht auf Gnade und dem Evangelium basiert, kann das zu einem Leistungschristsein führen und letztlich sogar entmutigen. Deshalb habe ich nun die Gnade und das Evangelium betont, die nämlich die wichtigste Grundlage beim Streben nach Heiligung darstellen.“[2]

Ich musste dringend aus diesem Leistungschristsein befreit und ermutigt werden. Während ich diese Vorträge in der Bibelschule besuchte, entdeckte ich, dass ich das Konzept von Gnade und Evangelium noch nicht wirklich verstanden hatte. Das Wissen war zwar in meinem Kopf, aber ich erlebte es nicht in meinem Herzen. Innerlich fühlte ich mich wie abgestorben. Das verstümmelte Evangelium, an das ich glaubte, war steril und bedeutungslos. Warum? Weil meine Definition des Evangeliums zu eingeschränkt war. Das Evangelium, an das ich glaubte, war steril und bedeutungslos.

Wenn man mich damals gefragt hätte, was das Evangelium ist, hätte ich die typische Antwort gegeben: Es ist die gute Nachricht. Oder ich hätte ein kleines, goldenes Büchlein hervorgeholt, etwas von Sünde erzählt und davon, wie Gottes Lösungsweg aussieht. Fertig. Das war's. Das Evangelium war für mich nur die Tür, die Pforte, durch die man geht, um eine Beziehung zu Gott anzufangen. Danach war es an der Zeit, sich an die Arbeit zu machen. Ja, ich glaubte, dass Gott mich errettet hatte, aber Heiligung (der Teil mit dem Wachsen und Christus-ähnlicher-Werden) – das war meine Verantwortung!

Im Laufe der Zeit weitete sich meine Definition des Evangeliums. Sie veränderte meine Sicht von Gott, aber auch meine Sicht von Sünde. Eine umfassendere Sicht von Gottes Heiligkeit, Liebe und Gnade sickerte in mein Herz und schuf dort eine wachsende Erkenntnis meiner eigenen Sündhaftigkeit. Das war mir sehr unangenehm, aber offenbarte gleichzeitig, in welchem Zustand sich mein Herz befand. Mir wurde klar, dass ich das Evangelium kleingehalten hatte. Warum?

Solange ich kein großes Evangelium oder einen großen Jesus brauchte, musste ich mich nicht damit auseinandersetzen, dass ich ein großer Sünder bin. Das Muster kann man sich in etwa so vorstellen:

Wenn ich mit eigenem Versagen oder Unzulänglichkeiten
konfrontiert wurde, machte ich meine Sünde klein,
was dazu führte, dass ich …

die Heiligkeit Gottes kleinmachte,
was dazu führte, dass ich …

an einen kleinen Gott, an einen kleinen Jesus,
an ein kleines Kreuz und an ein großes Ich glaubte.

Ich fand heraus, dass auch das Umgekehrte zutraf:
Eine eingeschränkte Sicht von Jesus und eine
eingeschränkte Sicht von Gott führten dazu,
dass ich auch meine Sünde nur eingeschränkt wahrnahm.

Kein Wunder, dass das Evangelium mich nicht veränderte!
Als mir das wahre Evangelium bewusst wurde,
entwickelte ich folgende Überzeugung:

Als mir deutlich wurde, wie groß meine Sünde ist,
erkannte ich …

wie groß die Heiligkeit Gottes ist,
was zur Folge hatte, dass ich …

einen großen Gott anbetete, einen großen Jesus,
ein großes Kreuz
und dass meine Ichsucht kleiner wurde.

Als ich anfing, mit anderen über dieses Thema zu reden, wurde mir schnell bewusst, dass ich nicht alleine war. Ich war umgeben von einer ganzen Armee von „Evangeliumsverstümmlern". Aber wir sind nicht die Ersten, die das Evangelium verwässern. In Galater 1,6–7 warnt Paulus seine Leser: „Ich wundere mich, dass ihr euch so schnell von dem, der euch durch die Gnade Christi berufen hat, abwendet zu einem anderen Evangelium, wo es doch kein anderes gibt."

Petrus schrieb: „Deshalb will ich Sorge tragen, euch immer an diese Dinge zu erinnern, obwohl ihr sie wisst und in der bei euch vorhandenen Wahrheit gestärkt seid. Ich halte es aber für recht, solange ich in diesem Zelt bin, euch durch Erinnerung aufzuwecken … Ich werde aber darauf bedacht sein, dass ihr auch nach meinem Abschied jederzeit imstande seid, euch diese Dinge ins Gedächtnis zu rufen (2. Petrus 1,12–15).

Darum muss ich an das Evangelium erinnert werden. Und Sie übrigens auch. Wir stehen in der Gefahr abzuwandern und müssen uns an das wahre Evangelium erinnern – das Evangelium, das auf *seinem* Werk beruht, nicht auf unserem. Das alles verändernde Evangelium.

Als ich den Satz „Predige dir jeden Tag selbst das Evangelium" das erste Mal hörte, war ich verdutzt. Ich hatte keine Ahnung, was das bedeuten sollte. Vor meinem inneren Auge sah ich, wie ich das kleine goldene Buch aus der Hosentasche kramte, eine Seite nach der anderen umblätterte und mir den Heilsweg selbst erklärte – mehrmals am Tag. Ich musste noch viel dazulernen. Ich bin Gott sehr dankbar, dass er mich in ein christliches Umfeld gestellt und mir gute geistliche Gemeinschaft mit Christen geschenkt hat, die mit den gleichen Problemen zu kämpfen hatten wie ich.

Während ich noch mit dem Konzept „Predige dir jeden Tag selbst das Evangelium“ rang, wurde mir klar, dass ich ein visuelles Hilfsmittel brauchte. Eine optische Darstellung des Tauziehens zwischen Glauben und Unglauben in meinem Herzen. Wie könnte man zeigen, dass man eigentlich wie ein geistliches Waisenkind lebt, obwohl man doch längst von Gott adoptiert worden ist? So entwickelte sich die in diesem Buch vorgestellte Grafik. Sie half mir, meine gespaltene geistliche Persönlichkeit besser zu verstehen und zu erkennen, was sie antrieb.

Die Grafik und die dazugehörige Erklärung sind nur einfache Werkzeuge, die uns an das Evangelium erinnern sollen. *An das wahre Evangelium.* Das Evangelium, das frei macht und Leben und Hoffnung schenkt. Ein Evangelium, das es wert ist, gefeiert und weitergesagt zu werden! **Das alles verändernde Evangelium!**

Besonders bin ich meiner Familie und meinen Freunden dankbar. Sie waren mit mir gemeinsam auf dieser Reise unterwegs. Sie haben mit mir geweint, mich ermutigt und mich herausgefordert. Die Grafik wurde verändert und verfeinert, verschiedene Hauskreise haben sie verbessert und sie zu einem treffenderen Bild des Glaubenskreislaufs werden lassen. Weil ich in meinem eigenen Verständnis des Evangeliums weiter wachse, wird sie sich wohl noch weiter verändern. Wie jede Illustration, kann sie nicht alles ausdrücken, was eigentlich ausgedrückt werden müsste. Im Grunde dient sie nur als Gesprächsanlass.

Ich bete, dass diese Grafik bei Ihnen das bewirkt, was sie bei mir bewirkt hat: Sie soll Ihnen auf konkrete und verständliche Weise helfen, **sich das Evangelium jeden Tag selbst zu predigen**. Ich hoffe, sie wird Ihnen helfen, sich selbst in dieser Geschichte zu finden. Möge sie Ihnen klar zeigen, wie sehr Gott Sie liebt, dass das Kreuz die Antwort auf Ihre Sünde ist, wie seine Gnade Ihnen Schubkraft für die Reise gibt und wie das Evangelium die Wunden Ihres Herzens heilen kann.

Ich bete außerdem, dass diese Grafik ein gutes Hilfsmittel ist, um mit anderen ins Gespräch zu kommen und ihnen zu zeigen, dass Christus wirklich die Antwort auf alle Fragen ist.

Und jetzt wollen wir loslegen. Ich brenne darauf, Ihnen die Geschichte meiner Reise zu erzählen.

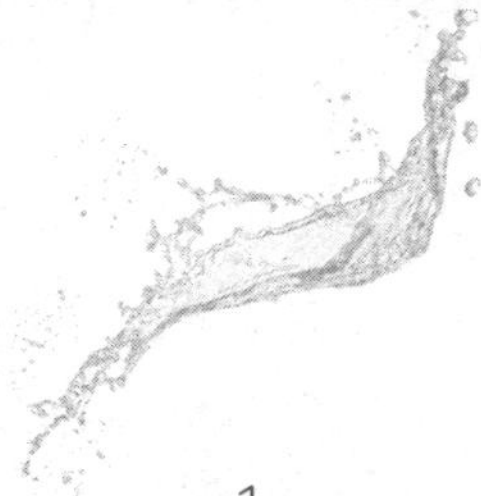

1

Das Evangelium für jeden Tag

…rrettung, die wich-
…en müssen, um er-
…ist das Evangelium
… ist auch der Pfad!
…he und jede Eigen-
…tt und seine Gnade
…. Wie in Epheser 1
…le geistliche Seg-
…edeutet das Wort
…aft". Und das ist

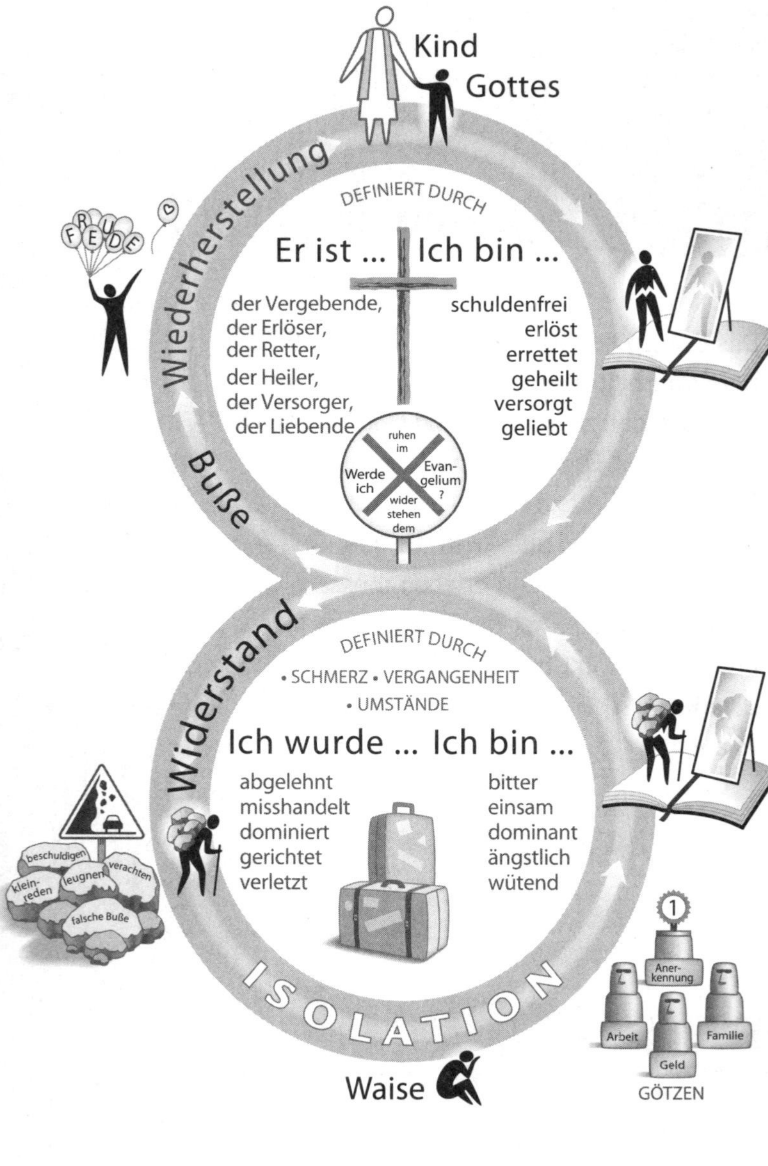

Kind Gottes
Wiederherstellung
DEFINIERT DURCH
Er ist …
Ich bin …
der Vergebende,
der Erlöser,
der Retter,
der Heiler,
der Versorger,
der Liebende
schuldenfrei
erlöst
errettet
geheilt
versorgt
geliebt
FREUDE
ruhen im Evangelium
Werde ich wider stehen dem
?
Buße
Widerstand
DEFINIERT DURCH
• SCHMERZ • VERGANGENHEIT
• UMSTÄNDE
Ich wurde …
Ich bin …
abgelehnt
misshandelt
dominiert
gerichtet
verletzt
bitter
einsam
dominant
ängstlich
wütend
beschuldigen
verachten
klein-reden
leugnen
falsche Buße
ISOLATION
Waise
1
Aner-kennung
Arbeit
Familie
Geld
GÖTZEN

Eine kurze Übersicht

Die Grafik links spiegelt den Prozess von Buße und Glauben in unserem Leben wider. Das Ganze ist ein fließender Prozess, was durch die Pfeile am Rand der Kreise angedeutet wird. Diese Pfeile sollen Gottes Gnade darstellen und deutlich machen, wie er uns unermüdlich zu sich zieht. Egal, wo Sie sich gerade in dieser Grafik in Form einer Acht befinden, seine Gnade hält Sie in Bewegung, sie treibt Sie immer zurück in die Gemeinschaft mit ihm.

Auf der Acht gibt es offensichtlich weder Anfang noch Ende. Bei einem Kreislauf ist nicht so leicht zu bestimmen, wo der Anfang ist. Aber irgendwo muss er ja sein, deshalb fangen wir einfachheitshalber ganz oben an. An dieser Position herrscht der Idealzustand in der Beziehung zwischen Gott, dem Vater, und dem Gläubigen. Als Christen genießen wir all die geistlichen Segnungen, die uns im Evangelium verheißen werden. Unsere Identität als Kind Gottes basiert darauf, wer *er* ist, und nicht darauf, wer wir sind. Wenn wir uns der Liebe des Vaters sicher sind, teilen wir auch gerne unseren Glauben mit anderen. Menschen mit auf

die Reise zu nehmen macht uns wirklich froh. Die Acht hat keinen Anfang und kein Ende, denn sie beschreibt einen Kreislauf und Prozess.

Auch als Gottes Kind kann man furchtbar auf die Nase fallen. Wenn ich ehrlich bin, muss ich mich immer wieder mit meinen Unzulänglichkeiten und Sünden auseinandersetzen. Gott gebraucht sein Wort, seinen Heiligen Geist und andere Gläubige in unserem Umfeld wie einen Spiegel, der mir meinen Unglauben offenbart sowie die Tatsache, dass die Sünde mich im Griff hat. Das belastet mich und plötzlich stehe ich vor dem Schnittpunkt beider Kreise. Diese „Kreuzung" soll die Entscheidung symbolisieren, vor der wir nun stehen. Unsere Sündenerkenntnis und das daraus resultierende Schamgefühl wachsen, unangenehme Konsequenzen drohen. Wie reagiere ich, wenn die Last meiner Sünde immer schwerer wird? Ich kann Buße tun und zum Kreuz laufen oder Widerstand leisten und mich vom Kreuz abwenden.

In der Buße finde ich volle Vergebung. Meine innige Beziehung zu Gott wird wiederhergestellt. Manche beschreiben die obere Hälfte der Grafik als Kreislauf des Glaubens – einen ständigen Kreislauf aus Buße und Glauben, Buße und Glauben. Das heißt es, sich selbst das Evangelium zu predigen.

Oh, wenn es doch nur so einfach wäre! Leider entgleist mein Herz so leicht. Manchmal gelingt es Satan, einen

Samen des Misstrauens zu pflanzen, der groß genug wird, um Gott und seine guten Absichten für mich anzuzweifeln. Oder ich stelle Gottes Plan infrage. Oder ich denke, ich sei gar nicht so schlecht. Warum auch immer, ich rede mir ein, ich würde mit meiner Sünde und meinem Schmerz allein klarkommen und bräuchte Gott dafür nicht.

Obwohl ich mir meiner Sünde und meines Zerbruchs bewusst bin, umgehe ich das Kreuz, sträube mich gegen Buße und gehe voran auf dem Weg *falscher* Buße, der mich nur weiter von Gott weg, zum unteren Kreis der Grafik führt.

Auf dieser Abwärtsspirale entwickle ich raffinierte Ideen, wie ich meine Sünde „in den Griff" bekomme. Von außen betrachtet erwecke ich vielleicht sogar einen bußfertigen Eindruck, aber der Schein trügt. Es ist falsche Buße.

Falsche Buße bedeutet, dass ich nach einem Ersatz Ausschau halte, der meine Scham, meine Schuld und die Konsequenzen meiner Sünde wegnehmen soll.

Vielleicht mache ich das, indem ich die Schuld auf andere schiebe, mich selbst geißle, die Sünde leugne, sie herunterspiele oder es aus eigener Kraft „wiedergutzumachen" versuche und mich noch mehr anstrenge. Aber all das bringt mich weiter weg von Gott. Ich fühle mich immer einsamer und spüre, wie die Trennung von Gott immer größer wird. Es endet damit, dass ich das Leben eines geistlichen Waisenkindes führe statt das eines Gotteskindes.[1]

Anstatt meine Identität in Christus zu finden und zu erkennen, was er für mich getan hat (wie im oberen Kreis dargestellt), wird durch meine Sorgen und Nöte, meine Vergangenheit und meine Lebenssituation meine Identität als geistliches Waisenkind definiert. Das Leben eines Waisenkinds raubt mir jegliche Hoffnung, Freiheit, Freude und das Gefühl von Akzeptanz. Nun lebe ich genau das Leben, das Satan sich für mich wünscht: in Trennung von Gott, geistlich steril und voller Mühsal.

Das Ergebnis: Weil ich die von Christus verliehene Gerechtigkeit abgelehnt habe, versuche ich, mir meine eigene zu konstruieren (genau wie die Israeliten, vgl. Römer 10,3), indem ich mich mit Dingen umgebe, die mir Wert verleihen und meinen Hunger nach Anerkennung stillen sollen. Die Bibel nennt diese Dinge Götzen.

Götzen sind ein billiger Ersatz für Christus. Sie erfüllen möglicherweise für eine kurze Zeit ihren Zweck, aber am Ende enttäuschen sie nur. An einem bestimmten Punkt erkenne ich, dass mich diese Götzen nicht retten können und sogar mein Leben aus mir heraussaugen. Sie bringen mich noch weiter weg von Christus und von dem Leben, das er für mich vorgesehen hat. Wieder halten mir Gottes Wort, sein Heiliger Geist und die Gemeinschaft mit Gläubigen einen Spiegel vors Gesicht. Ich erkenne, wie kaputt ich bin und wie dringend ich einen Retter brauche.

Jetzt stehe ich vor der gleichen Entscheidung. Ich kann zum Kreuz laufen und durch Buße und Glauben wiederhergestellt werden oder ich kann Widerstand leisten und meine Sünde selbst in die Hand nehmen, wie eine Waise leben und mich mit billigem Ersatz für die wahre Befreiung begnügen.

Götzen sind ein billiger Ersatz für Christus; am Ende enttäuschen sie nur.

Dieser Kreislauf wiederholt sich in meinem Leben als Christ – immer und immer wieder. Wenn ich mit meiner Sünde konfrontiert werde, kann ich zum Kreuz laufen, Buße tun und dem Evangelium glauben oder ich leiste Widerstand gegen das Kreuz und lebe wie ein geistliches Waisenkind.

Ein wiedergeborener Christ kann niemals seine Stellung als Kind Gottes verlieren. Jeder von uns erlebt im Kreislauf des Glaubens Hochs und Tiefs. Manchmal ist mein Glaube stark, die Buße echt, und ich lebe in der Realität dessen, wer ich als Kind Gottes bin. Aber manchmal ist mein Glaube schwach, mein Herz zweifelt an seiner Liebe, und ich verhalte mich, als wäre ich ein geistliches Waisenkind.

Wer Christus bisher noch nicht um Sündenvergebung gebeten hat, wird immer im unteren Kreis der Acht herumdümpeln. Diese Menschen sind verflucht und versuchen, ihre Sorgen und Nöte und ihr kaputtes Leben allein in den Griff zu bekommen. Sie sehnen sich nach Anerkennung und Erfüllung, aber suchen dies im Kaufhaus der Welt, statt die Gnade des Kreuzes im Glauben anzunehmen. (Um mehr darüber zu erfahren, lesen Sie das Kapitel *Wie man ein neues Leben bekommt* am Ende dieses Buches!)

Die Grafik zeigt sowohl dem Gläubigen als auch dem Ungläubigen die Lösung für unser Problem: Wir müssen zum Kreuz laufen und unseren Glauben und unser Vertrauen auf das setzen, was Christus für uns getan hat. Sowohl der Gläubige als auch der Ungläubige muss zum Kreuz laufen.

Neulich las ich diese Statusmeldung auf Facebook: „Wenn das Evangelium nicht die beste Botschaft ist, die Sie jemals gehört haben, dann haben Sie das Evangelium falsch verstanden.“ Ich weiß nicht, von wem dieser Satz stammt, aber ich finde ihn super. Das Evangelium verändert wirklich alles. Es verändert meine Stellung in Christus, verleiht mir eine neue Identität und zeigt mir einen Lebensinn, in dem ich mich nicht nur immer um mich selbst drehe. Durch das Evangelium kann ich voller Freude als Gotteskind leben und die vielen Segnungen und Privilegien als Angehöriger der Familie Gottes genießen.

Auf den nächsten Seiten möchte ich diesen Prozess noch etwas detaillierter darstellen. Ich hoffe, dass Gott das Evangelium in Ihrem Leben Wirklichkeit werden lässt und dass die Grafik Ihnen hilft, Gelerntes an andere weiterzugeben und die Kluft zwischen Kopf und Herz zu schließen.

Sündenerkenntnis

Gott scheint es immer zu gelingen, unsere Aufmerksamkeit zu erlangen. Wenn ich gerade vermeintlich allein zurechtkomme, taucht er auf einmal irgendwo, irgendwie auf und öffnet mir die Augen für meine Sündhaftigkeit – ob ich es will oder nicht. Er ist wie ein großer Standspiegel, der uns von Zimmer zu Zimmer verfolgt.

Wir können ihn zwar eine Weile ignorieren, aber irgendwann müssen wir uns doch mit unserem Spiegelbild auseinandersetzen. Dann sehen wir jeden Fehler und jeden Fleck. All das, was seinem perfekten Standard, seinem Gesetz nicht gerecht wird, sticht uns ins Auge.

Dieser Spiegel von Gottes Heiligkeit kann ganz verschiedene Formen annehmen. Je klarer meine Vorstellung von Gott wird, desto mehr wächst meine Sündenerkenntnis. Er hält mir meine Übertretungen auf verschiedene Art und Weise vor Augen. Durch sein Wort (Römer 3,20), durch den Heiligen Geist (Johannes 16,8–9) und durch die Gemeinschaft des Glaubens (Galater 6,1) deckt er meinen Unglauben auf.

Aber was sehen wir tatsächlich in diesem Spiegel? Wenn Sie eine Definition von Sünde erstellen müssten, wie würde sie lauten? Als ich ein Teenager war, forderte uns unser Jugendleiter in einer Bibelarbeit heraus, einen ganzen Tag lang nicht zu sündigen. Wenn ich daran zurückdenke, erkenne ich, dass er eine sehr eingeschränkte Definition von Sünde hatte. Aus seiner Perspektive bestand Sünde aus Taten. Seine Begriffserklärung bestand aus vielen Verhaltensregeln, dazu gehörten Ausdrücke wie „Verfehlung", „Ungehorsam", „Rebellion gegen Gott" usw.

Wir definieren Sünde gerne durch Verhalten, Taten oder sogar nicht erbrachte Leistung. Das ist einfacher. Und es erlaubt mir zweierlei: Erstens kann ich mich auf bestimmte Sünden konzentrieren und sie „in den Griff" bekommen. Wenn ich in dem entsprechenden Lebensbereich aufgeräumt habe, kann ich zum nächsten Punkt übergehen. Alles bleibt fein sauber und ordentlich, nicht schmutzig und überwältigend.

Zweitens gibt mir diese Definition von Sünde das Recht, mich gut zu fühlen. Meistens werde ich ohne Probleme jemanden finden, der es noch schlechter draufhat als ich. Glück gehabt! Außerdem: Wenn Taten und Leistung der einzige Maßstab sind, dann habe ich, ehrlich gesagt, auch ganz gute Tage. Sie könnten mich ruhig beobachten. Sie würden sehen, wie ich Zeit mit meinen Kindern verbringe, mich um meine Familie und meine Freunde kümmere und sogar anderen diene. Wenn Sünde wirklich nur ein Fehlverhalten ist, dann bin ich an vielen Tagen aus dem Schneider.

Aber Sünde ist mehr als nur Fehlverhalten. Unser sündiges Verhalten wird von unserem sündigen Herzen genährt. Wir sündigen, weil wir sündig *sind.* Wenn man sich nur auf die nach außen sichtbaren Taten konzentriert, läuft man Gefahr, nur an ein kleines Kreuz und an einen kleinen Jesus zu glauben. Das ist eine angenehme Möglichkeit, ihn immer eine Armlänge weit auf Distanz zu halten.

Sünde ist mehr als nur Fehlverhalten. Wir sündigen, weil wir sündig sind.

Das Ergebnis des Sündenfalls ist nicht nur unsere Trennung von Gott, sondern dass wir verdorben sind – schmutzig durch und durch. All unsere Bemühungen sind von der Sünde gezeichnet.

Stellen wir uns einmal Folgendes vor: Sie sitzen in meiner Küche und ich biete Ihnen einen frisch gebackenen Schoko-Brownie an. Innen ist er noch warm und etwas flüssig (lecker!). Es gibt nur einen kleinen Haken: Kurz bevor ich Ihnen diesen Traum aus Schokolade vorsetze, tröpfle ich auf eine Ecke etwas Cyanid. Es ist nur ein winziger Tropfen. Sie haben genau gesehen, wo er gelandet ist, also könnten Sie theoretisch außen herum beißen. Würden Sie den Brownie noch essen? Wahrscheinlich nicht. Und wenn ich Ihnen ganz, ganz viel Geld anböte? Womöglich. Vielleicht würden Sie sich einreden, dass man die Ecke vorher abschneiden und den Rest des Kuchens problemlos genießen könnte.

So gehen wir oft mit unserer Sünde um. *Sie hat nur ein Stück von mir verdorben, eine Ecke in meinem Herzen, aber nicht das Ganze.* Wenn ich nur fleißig genug bin, kann ich mit chirurgischer Präzision die von der Sünde verdorbenen Teile herausschneiden, während der Rest noch genießbar ist. Was für ein Unsinn! Aber diese Auffassung von Sünde gaukelt uns vor, wir hätten alles im Griff. Ich kann sie somit nicht nur von allem anderen fein säuberlich trennen, ich kann mich sogar mit anderen vergleichen – und mich in die Brust werfen.

Vielleicht ist das hier ein besserer Vergleich: Stellen Sie sich den superleckeren, dunkelbraunen und dickflüssigen Brownie-Teig in der Rührschüssel vor. Jetzt gebe ich den Tropfen Blausäure in den Teig und werfe noch einmal kurz die Küchenmaschine an. Dann kommt alles in die Fettpfanne und in den Ofen. Würden Sie die fertig gebackenen Brownies nun noch essen? Auf gar keinen Fall! Das Risiko wäre viel zu groß. Durch das Umrühren hat sich das tödliche Gift überall verbreitet. Selbst mit chirurgischer Präzision kann man es nicht mehr vom Rest trennen.

So ist es auch mit unserem Kampf gegen die Sünde. Die Sünde hat jede Stelle unseres Herzens infiltriert und verdorben. Es gibt keine Stelle, die von dem schädigenden Einfluss des Sündenfalls unberührt geblieben wäre. Die Sünde hat uns von Kopf bis Fuß durchdrungen. Ich kann nicht sagen, dass nur ein Teil von mir sündig ist und dass ich deswegen sündige. *Ich sündige, weil ich sündig bin.* Sünde ist so viel mehr als nur unser Verhalten. Die Sünde hat jeden Aspekt unseres Herzen infiltriert und verdorben.

In Römer 1 wird uns der ganze Schlamassel gezeigt. Die Verse 28 bis 32 beschreiben, wie verzweifelt wir außerhalb von Christus sind:

Und wie sie es nicht für gut fanden, Gott in der Erkenntnis festzuhalten, hat Gott sie dahingegeben in einen verworfenen Sinn, zu tun, was sich nicht ziemt: erfüllt mit aller Ungerechtigkeit, Bosheit, Habsucht, Schlechtigkeit, voll von Neid, Mord, Streit, List, Tücke; Verbreiter übler Nachrede, Verleumder, Gotteshasser, Gewalttäter, Hochmütige, Prahler, Erfinder böser Dinge, den Eltern Ungehorsame, Unverständige, Treulose, ohne natürliche Liebe, Unbarmherzige. Obwohl sie Gottes Rechtsforderung erkennen, dass die, die so etwas tun, des Todes würdig sind, üben sie es nicht allein aus, sondern haben auch Wohlgefallen an denen, die es tun.

Sünde ist viel mehr als die Summe unserer schlechten Taten, auch wenn bei jeder Definition von Sünde Verhaltensweisen wie die auf der folgenden Seite aufgelisteten genannt würden. Wenn wir das nicht begreifen, gehen wir auf einem Weg, auf dem wir die Herrlichkeit des Evangeliums der Gnade nie erreichen, sondern knapp verfehlen werden.

In Römer 14,23 finden wir eine allgemeinere Definition von Sünde: „Alles aber, was nicht aus Glauben ist, ist Sünde." Auf einmal werden die Spielregeln völlig verändert. Meine Definition von Sünde wird wieder herausgefordert, denn plötzlich ist auch mein Unglaube Sünde. Tatsächlich wurzeln *alle* Sünden in Unglauben. Andauernd laufen wir gegen die Mauer von Unglauben und Zweifeln in Bezug auf das Evangelium.

Unser Unglaube zeigt sich überall, zum Beispiel wenn ich ...

» mir Lügen zu Herzen nehme, die mir weismachen wollen, ich sei nicht liebenswert.
» glaube, dass eine Beförderung meine Probleme lösen könnte.
» meine Schmerzen durch Essen, Alkohol, Medikamente oder Pornografie zu lindern versuche.
» mich mehr anstrenge, um Gottes Gunst zu erlangen.
» überzogene Diäten mache oder exzessiv Sport treibe, um tiefer liegende Sehnsüchte zu erfüllen.
» andere brauche, die mich „brauchen“, um mich geliebt zu fühlen.
» andere Menschen und Umstände kontrollieren muss.
» nicht „Nein“ sagen kann, weil ich Angst vor der Reaktion anderer habe.
» ängstlich bin.
» an anderen herumkritisiere.
» mein Spiegelbild hasse.
» von meinen Kindern Perfektion verlange.
» für Applaus und Anerkennung lebe.
» mir im Falle eines Versagens nicht selbst vergebe.

Unser Unglaube ist allgegenwärtig, aber oft merken wir es nicht. Jedoch offenbart er sich in unseren Entscheidungen, in unserem Götzendienst und darin, wie wir unsere Umstände bewerten. Diese kurze Aufzählung ist nur die Spitze des Eisbergs.

Genauso, wie das Evangelium alles verändert, verdirbt unser Unglaube alles. Der Autor Paul David Tripp beschreibt, wie befreiend es ist, wenn unsere Augen für unsere Sünde und unseren Unglauben geöffnet werden: „Akkurate Selbsteinschätzung ist das Ergebnis von Gnade. Allein im Spiegel von Gottes Wort und mit der Hilfe des Heiligen Geistes können wir uns so sehen, wie wir tatsächlich sind."[2] Solange wir blind für unseren Zustand sind, werden wir nie das herrliche Geschenk der Gnade verstehen, das wir bereits in den Händen halten.

Nachgehakt

Am Ende jedes Abschnitts stelle ich einige Fragen, die Ihnen (und Ihrer Gruppe) vielleicht weiterhelfen können. Sie müssen natürlich nicht alle beantworten oder besprechen. Ich möchte nur, dass Sie dem Heiligen Geist erlauben, diese Wahrheiten als Fundament in Ihr Herz zu gießen. Weitere Informationen finden Sie in dem Kapitel Gruppenmaterial *am Ende des Buches.*

1. Was haben Sie über Sünde und über das Evangelium gelernt, das neu für Sie war?
2. Versuchen Sie, eine exakte Definition von Sünde aufzuschreiben, die auf mehr als bloßes Fehlverhalten abzielt.
3. Worin besteht der Unterschied, wenn man das Evangelium lediglich als Tor zur Errettung versteht, im Gegensatz zu der Position, dass das Evangelium sowohl das Tor als auch der Pfad der Errettung ist?
4. Haben Sie Gott kleingemacht? Was hat eine eingeschränkte Sicht von Gott mit einer eingeschränkten Sicht von Ihrer Sünde zu tun (und umgekehrt)?

5. Gott kann Ihre Aufmerksamkeit auf verschiedene Weise erlangen. Die drei folgenden Möglichkeiten wurden in diesem Kapitel genannt. Können Sie sich an Zeiten erinnern, in denen Gott durch eine von ihnen in Ihr Leben hineingesprochen hat, um Sie auf Ihre Sünde hinzuweisen?
   » Sein **Wort** (Römer 3,20)
   » Der **Heilige Geist** (Johannes 16,8–9)
   » Die **Gemeinschaft des Glaubens** (Galater 6,1; Matthäus 18,15–20)
6. Wie tief stecken Sie im Schlamassel? Die Antwort ist ernüchternd. Lesen Sie Römer 1,18–32 und Römer 3,9–20, und denken Sie darüber nach, was diese Bibelstellen dazu zu sagen haben.
7. Nehmen Sie sich einen Augenblick Zeit, und denken Sie betend über die sündigen Gedanken und Verhaltensweisen nach, mit denen Sie regelmäßig zu kämpfen haben. Vielleicht gehören Sie zu denen, die sich zu schnell Sorgen machen, oder Sie geben sich anderen negativen Gefühlen hin. Sie sind schnell besorgt, kämpfen mit Neid, Ängsten oder Stolz. Bringen Sie so viel zu Papier, wie Ihnen einfällt – aber nicht, um sich selbst Vorwürfe zu machen! Jesus liebt Sie und hat den Preis für diese Sünden längst bezahlt. Aber wenn Sie die dunklen Seiten Ihres eigenen Herzens kennen, wird es Ihnen leichterfallen, den neuen Weg aus Buße und Glauben zu beschreiten.

2

Buße: ein erfrischendes Geschenk

Wenn Gott meinen Unglauben bloßlegt und mir ein Sündenbewusstsein schenkt, habe ich die Wahl: Ich kann erstens mithilfe des Evangeliums das Problem meiner Sünde und Fehler in Angriff nehmen. Ich kann mir bewusst machen, wie sehr Gott mich liebt und dass er das am Kreuz längst bewiesen hat. Ich kann mit einem bußfertigen Herzen zu ihm laufen, also einem Herzen, das das empfangen möchte, was er für mich getan hat. Buße tun bedeutet zu sagen: „Ich habe es verstanden, Gott. Mir wird übel von meiner eigenen Sünde, so wie dir von meiner Sünde übel wird. Ich vertraue dir, dass du mir vergeben und mich neu machen wirst.“ Das Wort „Buße“ bedeutet wörtlich „umkehren“. In dem Buch *Das verwundete Herz* beschreibt Dan Allender es als „tiefgreifende, innerliche Veränderung der Wahrnehmung dessen, was man als Lebensquelle ansieht“.[1]

Echte Buße

Buße bedeutet, mich der Gnade Gottes zu ergeben. Es bedeutet, sich seiner Liebe und Fürsorge ganz hinzugeben. Es bedeutet, sich nach der Gnade auszustrecken und sich von den Dingen abzuwenden, die das eigene Herz von Gott abgelenkt haben. Es bedeutet, sich allein auf das von Jesus vollbrachte Werk am Kreuz zu verlassen. Buße bedeutet, sich der Gnade Gottes zu ergeben.

*

Leichter gesagt als getan.

Während ich dies schreibe, muss ich innerlich stöhnen. Wie soll ich über etwas schreiben, das ich selbst kaum kann? Wie kann ich etwas erklären, womit ich selbst nicht richtig vertraut bin? Wie kann ich etwas erläutern, das ich selbst erst anfange zu begreifen? (Am liebsten würde ich einen Notausgang aus diesem Kapitel schaffen, indem ich Ihnen rate, einfach das Kapitel über Buße in Dan Allenders Buch *Das verwundete Herz* zu lesen.)

Ich kenne mich mit Buße nicht so gut aus. (Fragen Sie mal meinen Ehemann!) Aber ich weiß, dass Buße anders ist, als wir vielleicht meinen. Ich dachte immer, als Zeichen für die Echtheit meiner Buße müsste ich den Tränen nahe und komplett emotional sein. Als Zeichen für die Echtheit der Buße meiner Mitmenschen mussten diese mindestens auf Knien vor mir rutschen und mich um Gnade anflehen. Ich hatte – warum auch immer – ein Bild von Buße in meinem Kopf, das sehr gut in einen frommen Kitschroman gepasst hätte.

Nun, es gibt keine Formel (Es tut mir leid für alle, die so gerne Formeln auswendig lernen!), nur einige Beobachtungen.

Manchmal ist Buße laut und ungeordnet und manchmal nur ein stilles Loslassen. Ich kann mich noch gut an einen bestimmten Abend erinnern, an dem Gott meine Aufmerksamkeit auf sich zog. David war verreist und hinter mir lag eine lange Woche, in der ich mich allein um unsere drei Kinder hatte kümmern müssen. Damals war unser jüngster Sohn Kyle ungefähr drei Jahre alt, und ich hatte Mühe, ihn ins Bett zu bringen. (Man müsste meinen, beim dritten Kind hätten wir langsam den Dreh raus gehabt – aber von wegen!) Als er endlich lag, bat Kyle um einen Becher Wasser. Als ich ihm seinen Wunsch erfüllte, hatte der Becher die falsche Farbe.

> Manchmal ist Buße laut und ungeordnet; manchmal nur ein stilles Loslassen.

Ich war zu müde und kaputt, um zu diskutieren. Also kippte ich das Wasser in einen anderen Becher und ging zurück ins Kinderzimmer. Lasst die Spiele beginnen! Er warf einen kurzen Blick in den Becher und verlangte mehr Eiswürfel. Zähneknirschend kehrte ich mit mehr Eis zurück, woraufhin er mich mit freundlicher Stimme informierte, dass das zu viel Eis und das Wasser nun zu kalt sei. Also noch einmal von vorne. Das ging eine ganze Weile so weiter. Als er endlich selig schlummerte, warf ich mich auf mein Bett und murmelte mit geballten Fäusten in mein Kissen: „Ich geb auf."

Sofort nahm ich in meinem Herzen eine Art Echo wahr: *Dein Aufgeben kommt zu spät.* In dem Moment wusste ich, dass Gott damit viel mehr meinte als nur das Ins-Bett-bring-Fiasko. Er ließ mich wissen, wie unabhängig und dickköpfig ich war. Dass ich unbedingt meinen Kopf durchsetzen musste, bis es nicht mehr ging, um ihn dann verzweifelt anzurufen. Es war so offensichtlich. Mein Problem war, dass ich zu spät aufgab. Immer.

Er hat recht. Buße heißt: Ich gebe zu, dass ich unabhängig von ihm gelebt habe. Buße bedeutete von nun an für mich, dass ich jeden Tag mit folgendem Gedanken begann: „Ich geb auf, Herr. Ich kann das nicht ohne dich." Das war für mich ein entscheidender Wendepunkt und ein Babyschritt in die richtige Richtung. Ich musste lernen, mein Leben in Abhängigkeit von ihm zu führen.

*

Das ist inzwischen etliche Jahre her. Meine Kinder sind fast erwachsen und Kyle wird nächstes Jahr den Schulabschluss machen. Die Zeit ist wie im Fluge vergangen, aber die Probleme meines Herzens sind immer noch die gleichen.

Vergangenes Jahr fing ich an, Vorträge auf Frauenfreizeiten zu halten. Das ist eine wunderbare Aufgabe, die mir große Freude macht. Aber in mir steckt ein kleiner Kontrollfreak, weshalb es mir sehr schwerfällt, bei der Planung bestimmte Aufgaben anderen zu überlassen. Irgendwann werde ich meist von den anderen im Team gefragt, ob ich Vorschläge für die Lieder hätte. Ich kann Ihnen gar nicht sagen, wie schwer es mir fällt, mich dann zurückzuhalten. Im Kopf habe ich für jeden meiner Vorträge eine fertige Liste von Liedern, die perfekt passen würden. Ich weiß, welches Lied eine gute Hinführung zum Thema wäre, welches am Schluss noch einmal alles auf den Punkt bringt und wie meine Liedauswahl zum roten Faden der ganzen Freizeit passen würden. Ich brauche noch nicht einmal erst drüber zu beten. Ich weiß einfach am besten, was passt und was nicht.

Aber Gott hat mir ein für alle Mal klargemacht, dass ich meine Teammitglieder die Lieder auswählen lassen soll. Ich erkläre ihnen, worum es in den Vorträgen ungefähr gehen wird, und das war's. Ein paar Tage vor einer Frauenkonferenz in Atlanta änderte ich das Thema meines Vortrags noch einmal, und ich wusste, dass das Lied *Before the Throne of God Above* perfekt vor oder nach dem Vortrag passen würde. Das Wochenende sollte in zwei Tagen beginnen, und ich musste mich wirklich **sehr** anstrengen, den Organisatoren **keine** E-Mail zu schreiben.

Dass ich mich aus der Musikauswahl raushalte, ist für mich ein Akt der Buße. Dass ich mich aus der Musikauswahl raushalte, wenn ich der Meinung bin, dass ich eine *grandiose* Idee habe, ist für mich ein noch größerer Akt der Buße. Sie können sich also vielleicht vorstellen, wie ich mich fühlte, als vor dem ersten Vortrag die ersten Töne von *Before the Throne of God Above* durch die Lautsprecher drangen.

Ich nehme an, dass mir deshalb Allenders Definition von Buße so unglaublich gut gefällt: „tiefgreifende, innerliche Veränderung der Wahrnehmung dessen, was man als Lebensquelle ansieht", weil ich mir immer die „Lebensquelle" aussuchen werde, die mich an die Machthebel stellt und mich davon abhält, mich auf Gott zu verlassen. Weil meine Machtbesessenheit für mich ein Götze ist, heißt Buße für mich in diesem Fall, still loszulassen und mich von Gott abhängig zu machen. Für eine andere Person könnte „Buße" in der gleichen Situation so aussehen, dass sie sich traut, den Mund aufzumachen und einen Vorschlag zu unterbreiten.

Wenn Ihr Götze „Anerkennung" heißt, dann müssen Sie Buße tun, indem Sie dieses Verlangen identifizieren, in bestimmten Situationen Abstand davon nehmen und sich selbst daran erinnern, warum Gott Sie längst als sehr, sehr wertvoll deklariert hat. Ein anderer Denkansatz in Bezug auf Buße lautet: Sie wenden sich von dem ab, wovon Sie sich Leben erhofften (Anerkennung), und schauen stattdessen auf Christus und auf die Anerkennung, die er Ihnen längst gegeben hat. Wenn Sie Buße tun, lassen Sie hinter sich, wovon Sie sich vergeblich Leben erhofft hatten, und laufen Sie stattdessen zu Christus.

Bis zu einem bestimmten Grad sieht Buße bei jedem Menschen anders aus, weil jeder von uns sich an etwas anderes klammert. Wenn ich das aber loslasse und mich wieder von Gott abhängig mache, werde ich durch Buße das echte Leben und wahre Freiheit finden.

Mein Lieblingsvers in der Bibel ist Jesaja 30,15. Ich mag diesen Vers so, weil er wunderbar ausdrückt, wie dringend ich Christus brauche, aber gleichzeitig nicht verschweigt, dass ich mich immer wieder sträube, so zu leben, wie es ihm gefällt: „Durch Umkehr und durch Ruhe werdet ihr gerettet. In Stillsein und in Vertrauen ist eure Stärke. Aber ihr habt nicht gewollt."

Buße führt mich zur Wurzel meines Unglaubens. Sie zwingt mich, darüber nachzudenken, worauf ich mein Vertrauen setze. So oft tue ich Buße für die „Frucht" meiner Sünde – für Dinge wie Wut, Stolz, Neid oder Unzufriedenheit. Ich denke noch nicht einmal daran, dass Unglaube letztlich der Grund dafür ist, dass diese Sünden in meinem Leben Wurzeln schlagen konnten. – Ich glaube nicht, dass Gott mich liebt, ich glaube nicht, dass er allmächtig ist, und ich glaube nicht, dass er für mich sorgen wird. Buße zwingt mich, darüber nachzudenken, wem oder was ich vertraue.

Ich muss jeden Tag neu gegen meinen Unglauben ankämpfen. Deshalb bedeutet tägliche Buße, dass ich erkennen muss, wann ich Lügen auf den Leim gehe. Ich muss die Lügen durch die Wahrheit ausmerzen und Gott um Hilfe bitten, damit ich über den Unglauben Buße tun kann. Denn erst mein Unglaube hat mich dazu veranlasst, dieser Lüge Gehör zu schenken.

Buße beginnt mit Überführtsein (damit ist die Sündenerkenntnis gemeint, von der wir im letzen Abschnitt sprachen). Dieses Überführtsein wird ganz unterschiedlich aussehen, je nachdem, wie Gott Ihre Aufmerksamkeit erlangen möchte. Er kann Sie dazu bringen, dass Ihre Sünde Sie regelrecht krank macht oder vielleicht auch nur rastlos und mürrisch. Aber irgendwie werden Sie von Ihrer Sünde überführt. Manchmal verwechseln wir dieses Überführtsein oder auch ein Bekenntnis mit Buße. Aber wer sagt: „Ich war im Unrecht und es tut mir leid", jedoch sein Verhalten nicht ändert, hat kein bußfertiges Herz.

Das Ziel von Überführtsein und Bekenntnis ist, mein Herz zu erweichen und die Tür für wahre Buße zu öffnen. Paul David Tripp beschreibt das so: „Nur wenn ich von meiner Sünde betrübt bin und zugebe, dass diese Sünde aus dem Herzen kommt, wird mein Sündenbekenntnis von wahrer Umkehr und Buße begleitet sein."[2]

Das Knifflige ist, dass Buße in Wirklichkeit ein Werk des Geistes ist. Es ist ein Geschenk. Er gibt es uns, damit unsere Beziehung zu ihm wiederhergestellt wird und wir Heilung erfahren dürfen. Selbst können wir es nicht produzieren, um unsere Sünden in den Griff zu bekommen oder um uns selbst wiederherzustellen. Es ist eine innerliche Veränderung, verursacht vom Heiligen Geist, die uns auf einen anderen Weg bringt. Es ist eine Umwandlung, die sich nicht nur in einem veränderten Herzen zeigt, sondern in einer veränderten Einstellung, in verändertem Verhalten und veränderten Beziehungen. Buße ist ein Werk des Geistes, es ist ein Geschenk an uns, das er uns gibt, damit unsere Beziehung zu Gott wiedergeherstellt wird.

*

Auf dem Weg dahin erkennen wir irgendwann, dass Buße nicht möglich ist, wenn man nicht sagt: „Ich gebe auf." In der Grafik ist die Buße eine Aufwärtsbewegung, die zur Wiederherstellung führt. Aber ich weiß aus Erfahrung: Bevor man diese Wiederherstellung kosten darf, fühlt man sich, als würde man sterben. Es riecht nach Tod. Weil es das auch ist. Buße heißt, das Ich sterben zu lassen, loszulassen, woran man sich geklammert hat, und zuzugeben, dass dieser Götze nutzlos war. Man muss seine Finger regelrecht mit Gewalt aus der Umklammerung lösen, die ein Versuch ist, noch den letzten Tropfen auszuquetschen, der einst wahres Leben schenken sollte. Es fühlt sich an, als ob es das Letzte wäre, das man tut.

Ist es aber nicht.

Das Ziel von Buße ist, mich daran zu erinnern, wer Gott ist und wie sehr er mich liebt. Buße führt mich zum Kreuz und damit direkt in seine Arme. Und da geht's erst richtig los! Genau das erlebte der verlorene Sohn, als er endlich heimkehrte. Und wir dürfen das Gleiche erleben, wenn wir zu Gott zurückkehren. Mir wurde vergeben und meine Beziehung zu Gott ist wiederhergestellt. Ich werde geliebt. Darum steht in Römer 2,4, dass Gottes Güte uns zur Buße führt. Es ist ein kostbares Geschenk!

Falsche Buße

Falsche Buße. Jawohl, das ist mein Spezialgebiet! Damit kenne ich mich aus. Ich meine, damit kenne ich mich *wirklich aus*. Denn in so vielen Situationen möchte ich meinen Stolz *nicht* herunterschlucken, meine Sünde *nicht* bekennen und *nicht* mit einem bußfertigen Herzen zu Gott laufen. Ich würde viel lieber das Evangelium ignorieren, das Kreuz umgehen und mich gegen die Gnade, Liebe und Vergebung Christi wehren. Im Grunde genommen lehne ich ab, wonach ich dürste – seine Gnade –, und laufe schnurstracks in die falsche Richtung.

Während ich mich vom Kreuz weg bewege, bleibt immer noch die Frage offen, wie ich meine Sünde in den Griff bekomme und mich von den erdrückenden Schuldgefühlen befreien kann. Ich weiß: Ich bin innerlich kaputt. Ich weiß: Ich zerstöre mein Leben und das Leben anderer. Ich weiß: Meine Sünde „geht zu Herzen". Aber was mache ich?

Ich stelle mich der Herausforderung und versuche, die Sache selbst in die Hand zu nehmen. Ich frage mich: Wie komme ich aus der Geschichte wieder raus? Oder wie komme ich da durch? Oder drumherum? Andere Menschen reagieren genau gegenteilig – sie verkriechen sich in einem Loch oder geißeln sich selbst. Wie auch immer, es ist erstaunlich, wie gut wir unser eigenes Abstrampeln als Buße verkaufen können. Machen Sie sich nichts vor – das hat nichts mit echter Buße zu tun! Eher mit einem Ratekrimi: Wie kann ich mich geschickt aus der Sache rausmanövrieren?

> Für mich ist meine Sünde eine Art Herausforderung: Wie kann ich es aus eigener Kraft schaffen?

Ich bin darin Expertin. Ich kann mich sogar selbst betrügen. Ich denke oft, ich würde mich um den Sündenberg meines Lebens kümmern. Immerhin fühle ich mich ganz mies. Es tut mir aufrichtig leid, dass ich anderen wehgetan habe. Ich würde es rückgängig machen, wenn ich könnte usw. Aber anstatt zum Kreuz zu fliehen und meine Sünde zuzugeben, versuche ich, meine Probleme selbst zu lösen – und meistens auf eine Art und Weise, die mich selbst am Ende gut dastehen lässt. Das ist falsche Buße.

Dies sind einige der Techniken, derer ich mich meistens bedient habe:

» **Die Schuld anderen in die Schuhe schieben.** Meine Sünde wirkt längst nicht so schlimm, wenn ich beweisen kann, dass jemand oder etwas anderes das eigentliche Problem ist. *Wenn du wüsstest, was ich die ganze Zeit mitgemacht habe, wärst du auch sauer!*

» **Es „einfach" in Ordnung bringen.** Meine Sünde ist gar nicht so schlimm, wenn ich herausfinden kann, wie ich sie in Zukunft verhindern kann. *Ich habe einen Plan. Wenn es das nächste Mal passiert, werde ich folgendermaßen vorgehen …*

» **Selbstgeißelung (Selbstverachtung).** Ich nehme Sünde bestimmt nicht auf die leichte Schulter, weil ich zulasse, dass ich mich ganz, ganz mies fühle. *Ich mache immer die gleichen Fehler. Ich mache nie etwas richtig. Ich verdiene nicht, dass man mich liebt.*

» **Herunterspielen.** Meine Sünde scheint nicht so schlimm, wenn ich sie mit anderen, viel schlimmeren Dingen vergleiche. *Als ich einmal nach dem Abendessen rumgebrüllt habe, war das nicht so schlimm, wenn man sich mal überlegt, wie schlimm sich die Kinder heute den ganzen Tag über verhalten haben.*

» **Leugnen.** Meine Sünde ist nicht schlimm, wenn es eigentlich keine Sünde ist. *Damit hat doch jeder Probleme. Das gehört zur menschlichen Natur.*

» **Härter an sich arbeiten.** Meine Sünde wird bezwingbar, wenn ich mich am Riemen reiße und an den Problemen arbeite. *Ich werde lernen, geduldiger zu sein, und nicht direkt ausrasten, wenn mal etwas nicht so läuft, wie ich es mir vorgestellt habe.*

» **Sich verteidigen.** (Muss ich das wirklich erklären?)

Kommt Ihnen einiges davon vielleicht bekannt vor? Stellen Sie sich vor, der Zustand Ihres Badezimmers zu Hause ist katastrophal. Seit Monaten wurde dort kein Putzlappen mehr geschwungen (willkommen bei mir zu Hause!). Wie könnten Sie nun reagieren?

» Sie könnten die anderen Familienmitglieder dafür beschuldigen, dass sie ein solches Chaos hinterlassen haben.

» Sie könnten allen Mut zusammennehmen, sich einen Eimer und Gummihandschuhe schnappen und alles mit Sagrotan einsprühen (Essigreiniger ist etwas für Warmduscher!).

» Sie würden sich am liebsten auf den Boden sinken lassen und weinen. Sie sind solch ein Versager und können noch nicht einmal ein simples Badezimmer sauber halten.

» Sie könnten hineingehen, sich umsehen, ein Handtuch vom Boden aufheben, die Klospülung betätigen, ein bisschen Raumduft versprühen und mit dem Gedanken *„Hab schon Schlimmeres gesehen"* den Raum wieder verlassen.

» Sie könnten ein großes Schild an die Badezimmertür hängen, auf dem steht: „Bis auf Weiteres geschlossen!", sich umdrehen und weggehen.

Wenn es um Sünde und unser Herz geht, sprechen all diese Beispiele von falscher Buße. Das Verrückte an diesen Methoden ist, dass sie echter Buße ähneln. Aber in Wirklichkeit versuchen wir nur, unsere Sünde allein zu meistern, und das ist nicht das Gleiche wie Buße. Leider sind unsere Gemeinden voll mit Menschen, die versuchen, selbst mit ihren Sünden klarzukommen. Aber in den seltensten Fällen haben sie schon einmal ihren Durst mit dem erquickenden Trank der Buße und der daraus resultierenden Freiheit gelöscht.

Wir sind völlig unfähig, Zerbrochenes wieder heil zu machen. Um im eben beschriebenen Beispiel zu bleiben: Der einzige Ausweg ist Kapitulation. Man gibt seine Hilflosigkeit offen zu und erlaubt Jesus, „das Badezimmer sauberzumachen". Denn er ist der Einzige, der unsere Herzen von innen heraus heilen kann. Wahre Buße heißt, ihm die Verantwortung für unsere Veränderung zu übergeben.

Ich mag Jesaja 30,15, weil dieser Vers mir die Wahrheit über mich selbst zeigt. Er zeigt mir die Quelle meiner Errettung und Kraft und erklärt mir auch meinen Widerstand. Falsche Buße ist der vermeintliche Versuch, meine Sünde allein zu bewältigen. Das ist heimtückisch und zerstörerisch. Beängstigend ist, dass es nach außen hin so rechtschaffen wirkt. Und meistens merken wir es selbst noch nicht einmal. Was sich manchmal wie wahre Buße anfühlt und auch so aussieht, bringt mich in Wahrheit nur weiter weg vom Kreuz und von Christus. Wenn wir unser Sündenproblem mit unseren eigenen Mitteln und Methoden überwinden wollen, anstatt uns auf den Herrn zu verlassen, ist das falsche Buße, das macht der Abschnitt in Jesaja 30,12–17 sehr deutlich. Die Verse 13 und 14 beschreiben die zerstörerische Kraft von Sünde: „... darum wird eure Schuld für euch sein wie ein durchgehender Riss, wie eine Beule in einer hohen Mauer, die dann plötzlich, in einem Augenblick, zusammenbricht. Er wird sie zerbrechen, wie ein Töpferkrug zerbricht, der mitleidlos zertrümmert wird, sodass kein Stück mehr unter seinen Scherben ist, mit dem man Glut aus einem Ofen oder Wasser aus der Pfütze schöpfen kann" (NeÜ).

Ups. Das ist deutlich. Das lässt mich aufhorchen.

Diese bildliche Darstellung von Sünde hebt die Aussage von Vers 15 viel stärker hervor, wenn das Geschenk der Buße beschrieben wird, das abschließende Urteil jedoch lautet: „Aber ihr habt nicht gewollt."

Warum? Die nächsten beiden Verse beantworten diese Frage. Wir lehnen Buße ab, weil wir eigene Pläne haben: „Ihr sagtet: ‚Nein, sondern auf Pferden wollen wir fliegen' ... ‚Auf Rennern wollen wir reiten'" (Jesaja 30,16). Wir haben Pferde! So richtig flotte Rennpferde!

Hüa!

Dass sich die Israeliten lieber auf ihre eigenen Pläne verlassen wollten, erscheint uns ganz schön dumm, nicht wahr? Aber machen wir es nicht genauso? Wir klammern uns an etwas, wovon wir hoffen, dass es uns heilt, rettet oder befriedigt. Wir zeigen Eigeninitiative in Sachen Sünde, aber in Wahrheit haben wir uns mit ihr arrangiert. Dabei sind wir wie kaputte Zisternen, die kein Wasser mehr halten können (Jeremia 2,13).

Falsche Buße ist kein neues Phänomen. Jesus bezichtigte die Pharisäer falscher Buße, und das in einer sehr deutlichen Art und Weise: indem er sie verfluchte.

> „*Wehe euch, Schriftgelehrte und Pharisäer, Heuchler! Denn ihr gleicht übertünchten Gräbern, die von außen zwar schön scheinen, inwendig aber voll von Totengebeinen und aller Unreinheit sind. So scheint auch ihr von außen zwar gerecht vor den Menschen, von innen aber seid ihr voller Heuchelei und Gesetzlosigkeit.*“
> Matthäus 23,27–28

Ich merke es, wenn ich in die Falle falscher Buße getappt bin. Es fühlt sich an, als befände man sich im freien Fall. Ich vertraue auf mich selbst und nicht auf das Kreuz. Anfangs fühle ich mich noch stark und kompetent, aber am Ende bin ich einsam, fern von Gott und lebe wie ein geistliches Waisenkind. Ich schaufle mir mein eigenes Grab, tief und immer tiefer. Ich mühe mich ab und die Abhängigkeit von meinen eigenen Wünschen und Bedürfnissen wird immer größer. Ich habe Durst, aber finde nichts, was diesen Durst löscht. Ich hocke im tiefsten Elend. Falsche Buße ist Holz auf dem Feuer des Götzendienstes.

Nachgehakt

1. Haben Sie etwas über das Thema „Buße" gelernt, das Ihnen neu war?
2. In Lukas 18 finden wir Gleichnisse und Erzählungen über persönliche Begegnungen mit Jesus. Wir bekommen Einblick in die Herzen von sechs verschiedenen Personen: eine Witwe, ein Zöllner, ein Pharisäer, eine Gruppe Kinder, ein Reicher und ein Blinder. In welche dieser Personen können Sie sich am besten hineinversetzen? Was lernen Sie über Demut, Leistungsdenken und Buße?
3. Welche Art von falscher Buße üben Sie, um Ihre Sünde allein zu meistern? (Im Folgenden finden Sie ein paar Beispiele. Aber glauben Sie mir, es gibt noch viele weitere!)
   - » anderen die Schuld in die Schuhe schieben
   - » es selbst in Ordnung bringen
   - » Selbstverachtung
   - » Herunterspielen
   - » leugnen

- » härter an sich arbeiten
- » sich verteidigen

4. Können Sie sich an eine Gelegenheit erinnern, bei der Sie das Geschenk der Gnade angenommen haben? Wie kam es dazu und wie hat es sich angefühlt? Wie hat diese Buße Ihre Gefühle, Handlungen und Beziehungen beeinflusst?
5. Beschreiben Sie in eigenen Worten den Unterschied zwischen echter und falscher Buße. Was ist die Quelle der einen und was die Quelle der anderen?

3

Wiederherstellung von Beziehungen

Bevor wir über Wiederherstellung reden, müssen wir uns an etwas Entscheidendes erinnern: Auch wenn Buße zu Wiederherstellung führt und zu einer erneuerten, innigen und vertrauten Beziehung zu Gott und letztlich zu riesiger Freude, so fühlt es sich anfangs bestimmt nicht nach inniger Nähe und Freude an. Bevor es wieder aufwärtsgeht, ist eine völlige Hingabe erforderlich. Buße bringt uns in eine Situation, die wir panisch vermeiden wollen – unser Ich muss sterben. Das ist ein sehr unangenehmer Schritt.

Wiederherstellung

Ist das nicht paradox? Oft ist es einfacher, sich in die Abwärtsspirale fallen zu lassen, die vom Kreuz wegführt – weg aus der Beziehung. Jedenfalls fühlt es sich leichter an, vielleicht sogar lebensspendender, weil es uns irgendwie „nach Hause" führt, nämlich an den Ort, an dem wir uns die meiste Zeit unseres Lebens im Schlamm gesuhlt haben. (Außerdem ist das der Ort, an dem sich die meisten unserer Freunde aufhalten.)

Aber unser Herz sehnt sich in Wirklichkeit nach Wiederherstellung. Und Wiederherstellung ist nur durch das möglich, was Jesus am Kreuz durch seinen Tod und seine Auferstehung vollbracht hat. Die Sünde, die mich von Gott trennte, hat am Kreuz ihren Todesstoß versetzt bekommen. Jesus hat mir ein völlig neues Leben in Christus geschenkt und auch eine neue Identität. Ich bin nicht mehr der gleiche Mensch.

Lassen Sie uns nun anschauen, wie unsere Beziehung zu Gott wiederhergestellt wird. Als Jesus am Kreuz hing, übernahm er die Rolle des alttestamentlichen Opferlamms. Er nahm unsere Sünde und die daraus resultierende Trennung von Gott auf sich und ertrug die Strafe, die ich verdient hätte. Während er blutend am Kreuz hing, getrennt von seinem Vater, schüttete Gott seinen Zorn über ihn aus. Gottes Zorn brannte lichterloh – sein Zorn über die Sünde. Auch über *meine* Sünden – meine sehr realen Sünden wie Wut, Eifersucht, Klatsch und Tratsch, Kritiksucht, Überheblichkeit, Unfreundlichkeit, Götzendienst und so weiter. Die Auswüchse meines rebellischen Herzens wurden auf Jesus gelegt; er trug meine Strafe.

Er wurde gerichtet, damit wir freigesprochen werden konnten.

Wenn Gott seinen Zorn *ausschüttete*, bedeutet das, dass kein Zorn mehr übrig ist. Er ist nicht mehr zornig auf mich. Wenn ich Buße tue, heißt er mich mit offenen Armen willkommen. Er feiert ein Freudenfest (wie der Vater des verlorenen Sohns im gleichnamigen Gleichnis in Lukas 15). Darum konnte Jesus kurz vor seinem Ableben am Kreuz verkünden: „Es ist vollbracht." Er hielt die Strafe aus, die wir verdient hätten. Dadurch wurde die Schuld der Sünde völlig bezahlt. Er wurde gerichtet, sodass wir freigesprochen werden konnten.

Jesus erduldete den Zorn Gottes *für uns*, damit wir nicht mehr für unsere Sünden bestraft werden müssen. Wenn das das Ende der Geschichte wäre, wäre das bereits atemberaubend. Aber es geht noch weiter. Er bezahlte nicht nur für unsere Sünden, er schenkt uns auch Gerechtigkeit. Das führt dazu, dass wir nun nicht mehr Objekte seines Zorns sind, sondern Empfänger seiner Gnade. Unsere Beziehung zu Gott ist wiederhergestellt und wir haben eine neue Identität. Gott sieht uns nun als Gerechte an, weil er uns die Gerechtigkeit seines Sohns zurechnet.

> *Unter diesen hatten auch wir einst alle unseren Verkehr in den Begierden unseren Fleisches, indem wir den Willen des Fleisches und der Gedanken taten und von Natur Kinder des Zorns waren wie auch die anderen. Gott aber, der reich ist an Barmherzigkeit, hat um seiner vielen Liebe willen, womit er uns geliebt hat, auch uns, die wir in den Vergehungen tot waren, mit dem Christus lebendig gemacht – durch Gnade seid ihr gerettet!*
> Epheser 2,3–5

Stellen Sie sich vor, Sie würden Ihrer Bank eine Milliarde Euro schulden. (Das nenn ich mal Kaufrausch!) Wie würden Sie sich fühlen, wenn ein Freund oder eine Freundin Sie nun besuchen und Ihnen sagen würde: „Deine Schuld ist bezahlt!" Dann würde er bzw. sie ein Schreiben von der Bank hervorkramen und Ihnen Ihren aktuellen Kontoauszug unter die Nase halten, woraus klar hervorgehen würde, dass Sie keine Schulden mehr haben. Das wäre unglaublich und eine riesige Last würde von Ihren Schultern fallen.

Allerdings hieße das noch lange nicht, dass Ihr Bauspardarlehen bezahlt ist oder dass Sie nicht im nächsten Monat wieder in eine Finanzkrise geraten könnten.

Stellen wir uns also noch einmal die gleiche Ausgangsszene vor. Ihr Freund/Ihre Freundin zeigt Ihnen den

Kontoauszug und sagt Ihnen, dass Ihre Bankschulden bezahlt sind. Aber wenn Sie auf den Auszug schauen, dann steht da nicht einfach eine Null, sondern eine Guthabensumme von hundert Milliarden Euro! Das wäre wirklich überwältigend. Ihre Geldsorgen wären ein für alle Mal erledigt.

Aber Ihr Gegenüber hat noch mehr gute Nachrichten auf Lager: Das Guthaben beträgt nicht nur heute hundert Milliarden Euro, die gleiche Summe wird auch morgen auf Ihrem Konto sein. Es wird sich niemals ändern. Egal, wie viel Geld Sie ausgeben, jeden Morgen wird Ihr Guthaben wieder aufgefüllt sein. *Und täglich grüßt das Murmeltier* für Milliardäre!

Genau das ist am Kreuz geschehen. Nicht nur, dass unsere Schuld von Christus bezahlt wurde, wir erhielten außerdem seine unendliche Gerechtigkeit. Als wir mit ihm in seinem Tod vereinigt wurden, wurden wir auch in seiner Auferstehung mit ihm vereinigt. Gott sieht Sie an und sieht die Gerechtigkeit seines Sohnes – eine Gerechtigkeit, die niemals verblasst oder abnimmt.

Schauen Sie sich einmal die folgenden Verse an:

> *Den, der Sünde nicht kannte, hat er für uns zur Sünde gemacht, damit wir Gottes Gerechtigkeit würden in ihm.*
> 2. Korinther 5,21

> *Gott aber erweist seine Liebe zu uns darin, dass Christus, als wir noch Sünder waren, für uns*

gestorben ist. Vielmehr nun, da wir jetzt durch sein Blut gerechtfertigt sind, werden wir durch ihn vom Zorn gerettet werden.
Römer 5,8–9

In diesem Willen sind wir geheiligt durch das ein für alle Mal geschehene Opfer des Leibes Jesu Christi.
Hebräer 10,10

[Und euch] … hat er aber nun versöhnt in dem Leib seines Fleisches durch den Tod, um euch heilig und tadellos und unsträflich vor sich hinzustellen.
Kolosser 1,22

Dieser Vorgang, bei dem er uns unsere schmutzigen Lumpen abnimmt und uns mit den Kleidern seiner Gerechtigkeit einhüllt, verändert uns. Er verändert unsere Stellung vor Gott und gibt uns eine neue Identität. Nun sind wir seine Kinder, gekleidet in seine Gerechtigkeit. Darum verändert das Evangelium alles!

Leider ist es so leicht, die Grundlage unserer Errettung und Beziehung zu Gott zu vergessen. Deshalb ist es so wichtig, dass wir sie uns immer wieder ins Gedächtnis rufen.

Wiederherstellung bringt Hoffnung, Freude und Freiheit hervor. Es ist das Versprechen, dass Gott eines Tages trotz meiner Umstände oder meines Schmerzes alles neu machen wird. Manchmal notiere ich mir beim Bibellesen Verse, die mir wichtig geworden sind. Irgendwann einmal beschäftigte ich mich mit Jesaja 41–46 und notierte mir die folgenden Verse. Damals habe ich sie in willkürlicher Reihenfolge aufgeschrieben. Für dieses Buch habe ich sie wortwörtlich aus meinem Notizbuch abgeschrieben.

> *Fürchte dich nicht, denn ich bin mit dir! Ich habe dich bei deinem Namen gerufen, du bist mein. Denke daran, denn du bist mein Knecht. Ich habe dich gebildet. Du wirst nicht von mir vergessen. Ich habe deine Verbrechen ausgelöscht wie einen Nebel und wie eine Wolke deine Sünden. Kehre um zu mir, denn ich habe dich erlöst! Ich will die Blinden auf einem Weg gehen lassen, den sie nicht kennen, auf Pfaden, die sie nicht kennen, will ich sie schreiten lassen. Die Finsternis vor ihnen will ich zum Licht machen und das Holprige zur Ebene. Ich, der HERR, werde sie erhören. Denn ich werde Wasser gießen auf das durstige und Bäche auf das trockene Land. Ich werde meinen Geist ausgießen auf deine Nachkommen und meinen Segen auf deine Sprösslinge. Denkt nicht an das Frühere, und auf das Vergangene achtet nicht! Siehe, ich wirke Neues! Ja, ich lege durch die Wüste einen Weg. Auch bis in euer Greisenalter bin ich derselbe und bis zu eurem grauen Haar werde ich selbst euch tragen. So spricht der HERR, der dich gemacht und von Mutterleibe an dich gebildet hat, der dir hilft.*

Ich lese diese Verse immer wieder. Sie erinnern mich daran, den Anker meiner Hoffnung in der Wiederherstellung und dem Erlösungswerk Christi zu versenken. Die Auferstehung hat die Voraussetzung dafür geschaffen, dass Gott alles neu macht. Das schenkt mir Hoffnung, besonders an Tagen, an denen ich mutlos bin. Manchmal entmutigt mich meine Sünde, und manchmal entmutigt es mich, mit anzusehen, dass geliebte Menschen schwere Zeiten durchleben oder dass in zwischenmenschlichen Beziehungen etwas ganz und gar schiefläuft. Ich sehne mich nach dem Tag, an dem all diese Dinge wiederhergestellt werden. Ich weiß, dass er kommen wird.

Isolation

Buße führt zu Wiederherstellung und zu einer vertrauten Beziehung zu Gott. Falsche Buße hingegen führt zu Trennung, Isolation, Einsamkeit – und schließlich zu Götzendienst.

In unseren Bemühungen, unsere Sünde in den Griff zu bekommen, gehen wir eigene Wege und lassen Gott hinter uns. Dadurch lehnen wir sowohl Christi Vergebung als auch seine Gerechtigkeit ab. Und wir erleben nicht die Vergebung, die durch Buße entsteht („Also gibt es jetzt keine Verdammnis für die, die in Christus Jesus sind" – Römer 8,1). Außerdem erhalten wir Christi Gerechtigkeit nicht („Den, der Sünde nicht kannte, hat er für uns zur Sünde gemacht, damit wir Gottes Gerechtigkeit würden in ihm" – 2. Korinther 5,21).

In allen wichtigen Bereichen bleiben wir innerlich leer. Wir reagieren auf unsere Schuld auf die einzige Art und Weise, auf die wir ohne Christus reagieren können: indem wir versuchen, unsere Sünde durch falsche Buße selbst in den Griff zu bekommen. Wir reagieren auf unsere Leere und unseren Mangel mit dem Versuch, unsere *eigene*

Gerechtigkeit durch Götzendienst zu erschaffen. Wir sehnen uns nach **irgendetwas**, das diese Leere ausfüllt. Wir möchten diesen Durst stillen.

Paulus beschrieb den Hang der Israeliten zu Werkgerechtigkeit und Leistungsdenken folgendermaßen: „Denn da sie Gottes Gerechtigkeit nicht erkannten und ihre eigene aufzurichten trachteten, haben sie sich der Gerechtigkeit Gottes nicht unterworfen“ (Römer 10,3).

Wir sehnen uns nach etwas, das unsere innere Leere ausfüllt.

Das ist doch verrückt! Haben Sie das verstanden? Sie lehnten die Gerechtigkeit ab, die Christus ihnen so bereitwillig anbot, und begnügten sich mit ihrer eigenen, von Menschen gemachten Gerechtigkeit. Das ist, als würde man Gott die kalte Schulter zeigen und sagen: „Nein, danke. Ich brauche nichts.“ *Wie bitte?*

Vor einigen Jahren durchlebte meine Freundin Kelly eine schwere Zeit. Sie war alleinerziehende Mutter zweier Kinder und voll berufstätig. (Ich wünschte, ich hätte die Zeit, Ihnen ihre ganze Geschichte zu erzählen – ein wunderbares Zeugnis von Kapitulation und Erlösung!) Während dieser Zeit litt ihre Teenager-Tochter sehr unter der Ablehnung ihres Vaters. Sie geriet an falsche Freunde und lief von zu Hause weg. Es war nicht das erste Mal, aber dieses Mal verschwand sie für einige Tage und in der Zeit gab es kein Lebenszeichen von ihr. Hier ist ein Auszug aus der E-Mail, die Kelly verschickte, nachdem das Mädchen endlich wieder aufgetaucht war:

Sie ist daheim. Sie kehrte dreckig, müde, hungrig und wütend zurück und war auf Konfrontation aus. Aber sie ist unversehrt und freiwillig nach Hause gekommen … oder vielleicht auf aufgrund von Gottes Erbarmen und aufgrund eurer vielen Gebete.

Ich weiß nicht, wo sie sich herumgetrieben hat oder was ihr in diesen viereinhalb Tagen passiert ist. Ich weiß auch noch immer nicht wirklich, was sie überhaupt zum Weglaufen bewogen hatte. Sie ist so wütend und guckt mich nur böse an. Sie hat kaum mit mir gesprochen und ich habe auch wenig gesagt. Sie bekam fast einen Tobsuchtsanfall, als ich ihr sagte, dass wir uns Sorgen gemacht haben und sie lieben.

Während sie unter der Dusche stand, kochte ich ihr ihr Liebliingsessen. Obwohl sie ganz offensichtlich ausgehungert war, lehnte sie das Gericht ab und schnappte sich stattdessen eine Dose Ananas. Wir haben ein Freudenfest vorbereitet, weil wir sie so lieben, aber sie will nur die Krumen. Einmal mehr hat sie alle Beweise unserer Liebe und Zuneigung abgelehnt. Inmitten dieser Erfahrung, die mir schier das Herz zerreißt, ist mir etwas sehr klar geworden. Die Parallele ist einfach unübersehbar. Meine über alles geliebte Tochter lehnt unsere Liebe ab – Gott allein weiß, warum. Aber in meinem Wandel mit meinem himmlischen Vater – vielleicht sollte ich es lieber „mein Stolpern“ mit Gott nennen – mache ich es oft genauso. Er bereitet mir ein Festmahl, aber ich weigere mich, an den Tisch zu kommen.

Diese Geschichte berührt mich noch immer, vielleicht weil ich mich in ihrer Tochter wiederfinde. Gott hat mir in Christus *alles* gegeben – seine Gerechtigkeit, seine Vergebung, seine Gnade und seine Liebe – ein Festmahl mit allem, wonach ich hungere und dürste. Auf dem Tisch liegt alles, was ich brauche. Er hat es vor langer Zeit für mich vorbereitet. Aber ich besitze die Frechheit, alles links liegen zu lassen, mir eine Dose Ananas zu öffnen und „Nein, danke, will ich nicht" zu sagen.

Genau dieses Verhalten legen wir an den Tag – ständig. Anstatt uns an Gottes Gerechtigkeit zu klammern und zu erkennen, wie wertvoll wir in seinen Augen sind, wollen wir uns selbst beweisen. Wir finden Gelegenheiten, uns als kompetent, erfolgreich, glücklich und zufrieden darzustellen. Aber unsere Bemühungen sind immer unzureichend.

Das erinnert mich an folgende Situation, in der ich mich selbst oft wiederfinde: Es ist mitten am Tag und ich bin auf der Suche nach Schokolade. Mir ist egal, was es ist, Hauptsache Schokolade. Ich bin nicht wählerisch. Okay, das stimmt nicht ganz. Am liebsten hätte ich M&Ms oder Erdnussbutterpralinen, aber wenn wir das nicht im Haus haben, muss ich zu meiner Schande gestehen, dass ich alles esse, was nur im Entferntesten damit verwandt ist – zum Beispiel die abgelaufenen Schokostreusel, die ganz hinten im Schrank mit den Backzutaten in Vergessenheit geraten sind. Ich esse nicht die ganze Packung, nur einen Löffel voll und dann bin ich zufrieden – für einen Moment.

Ein Götze ist ein billiger Ersatz für Christus. Es ist der Löffel weiß angelaufener Schokostreusel statt der

Erdnussbutterpralinen. Es ist etwas, von dem wir *hoffen*, dass es die Wirkung bei uns erzielt, die doch nur Christus erzielen kann. Götzen stellen uns nie ganz zufrieden. Darum nannte Johannes Calvin unsere Herzen auch „Götzenfabriken". Wir produzieren fließbandweise Götzen.

Welche Heißhungerattacken überfallen Sie? Was suchen Sie? Wahrscheinlich nicht eine Dose Ananas oder eine Packung Schokostreusel. Was gibt Ihnen das Gefühl, dass Sie das Ziel erreicht haben, wenn Sie es bekommen – oder stürzt Sie in ein Loch, wenn Sie es nicht bekommen? Was brauchen Sie, um das Gefühl zu haben, *genug* zu sein? Wo suchen Sie Trost, wenn Sie im Kreislauf der Grafik ganz am Boden angekommen sind? Dieser Ort ist übrigens hervorragend geeignet, um sich endlich einmal offen und ehrlich mit seinem Götzendienst auseinanderzusetzen.

Über dieses Thema sind ganze Bibliotheken geschrieben worden. Es gibt hervorragende Bücher, die Ihnen bei der Analyse des Ist-Zustands Ihres Herzens helfen und Ihnen vor Augen führen können, welchen speziellen Götzen Sie verfallen sind. Wenn Sie das erste Mal über die Götzen Ihres Lebens nachdenken, dann empfehle ich Ihnen, das eine oder andere gute Buch zu diesem Thema zu lesen. Vergessen Sie nicht, dass dies ein Prozess ist und oft kein leichter. Wir bemühen uns im Grunde unser ganzes Leben lang, unser Inneres zu verbergen. Wenn man also die Schutzschichten entfernen möchte – und seien es auch nur ein oder zwei –, kann das Zeit in Anspruch nehmen und wehtun. Haben Sie Geduld und vertrauen Sie auf die Hilfe des Heiligen Geistes. Sie sind nicht allein auf dieser Reise. Dieser Prozess ist nicht leicht. Haben Sie Geduld.

Die folgenden Fragen sollen Ihnen helfen, die Götzen Ihres Lebens zu identifizieren. Ein oder zwei Fragen werden womöglich genau ins Schwarze treffen.[1]

» *Was ist mein größter Albtraum? Worüber mache ich mir am meisten Sorgen?*

» *Welche Gedanken beschäftigen mich vor dem Einschlafen? Mit welchen Gedanken stehe ich morgens wieder auf?*

» *Womit versuche ich mich zu trösten, wenn ich mich einsam und verlassen fühle oder auch wütend bin?*

» *Was verursacht die meisten Konflikte in meiner Ehe oder in meinen Beziehungen, wenn ich es nicht bekomme?*

» *Gibt es ein immer wiederkehrendes Thema bei Konflikten mit meinen Mitmenschen, das mir einen Hinweis darauf geben könnte, was mein Götze ist?*

» *Gibt es etwas, wonach mich „dürstet"? Bin ich unglücklich, wenn ich es nicht bekomme?*

» *Wie würde ich die Lücke im folgenden Satz ausfüllen: „Wenn ich nur _______, wäre ich glücklich"?*

Ich gewähre Ihnen einen kurzen Blick in mein Herz. Wenn ich abends meinen Kopf aufs Kissen lege, drehen sich meine Gedanken meistens um folgende Frage: *Was habe ich heute geschafft?*

Wenn es ein „guter Tag“ war, war ich wirklich produktiv und effektiv. Ich habe gedient und Liebe gezeigt. Wenn es ein „schlechter Tag“ war, bin ich oft unterbrochen worden, habe nichts geschafft und der nächste Tag wird mit der heutigen To-Do-Liste beginnen. Wer mir in den Weg kam, wurde Opfer meiner üblen Laune.

Wahrscheinlich können Sie sich denken, worum sich meine Gedanken drehen, bevor meine Füße am nächsten Morgen den Bettvorleger berühren. Sehr gut. Sie haben es erraten. Ich überlege: *Was muss ich heute erledigen?*

Erkennen Sie, was das über meinen Götzen offenbart? Alles dreht sich um Arbeit, Leistung, Erfolg. Es offenbart, wodurch ich meinen Wert bestimme und was mich antreibt. Es offenbart mir viel mehr über mein Herz, als ich eigentlich wissen möchte. Aber es ist die schaurige Wahrheit.

Was Ihr Denken beim Einschlafen und Aufstehen kontrolliert, enthüllt eine ganze Menge über Ihr Herz.

Wissen Sie, was Ihnen außerdem ganz viel über Ihr Herz und die darin sitzenden Götzen verrät? Ihre Aggressionen.

Was macht Sie wütend?

Ich werde wütend, wenn ich nichts geschafft bekomme. Ich werde aggressiv, wenn ich andauernd unterbrochen werde und nicht an einer Sache dranbleiben kann. Ich werde sauer, wenn meine Mitmenschen (z. B. mein Ehemann und meine Kinder) mir nicht helfen, Haus und Hof in Ordnung zu halten. Die Weiße Hexe in Narnia ist nichts im Vergleich zu mir, wenn ich etwas erledigt haben will und niemand bereit ist, mir zu helfen. Ich erwarte von anderen Menschen, dass sie meinen Götzen füttern, und wenn sie das nicht tun, werde ich sauer. Meine Aggression entlarvt diesen Götzen.

*

Götzendienst basiert auf Lügen – Lügen in vielen Lebensbereichen, aber in erster Linie Lügen über Gott. Irgendwie bin ich der Lüge auf den Leim gegangen, dass ich nur wertvoll bin, wenn ich produktiv bin. Es gibt eine Ebene, auf der ich glaube, dass Gott mich mehr liebt, wenn ich fleißig bin. Die viel tiefer liegende Lüge lautet, dass ich alles im Griff zu haben scheine, wenn ich produktiv bin. Ich will unbedingt alles im Griff haben, weil ich glaube, dass ER es nicht hat. Lügen. Alles Lügen. Diese Lügen füttern meinen Götzen und halten mich fern von Gott.

Ich mag Jesaja 44. Das Kapitel ist zu lang, um es hier abzudrucken, aber ich möchte Sie ermutigen, es zu lesen. Der Prophet prangerte das ganze Götzensystem an, und verhöhnte einen Schmied, der sich auf die Herstellung von Götzenbildnissen spezialisiert hatte. Er beschreibt, wie der Schmied die Bildnisse herstellt – und betont, dass er es aus dem gleichen Stück Holz macht, mit dem man den Ofen beim Brotbacken beheizt.

Alle Götzenmacher sind ein Nichts, ihre geliebten Götzen nützen nichts. Und ihre Zeugen sehen nichts

und werden beschämt. … Wer Asche hütet, ist betrogen, sein Herz hat ihn getäuscht. So rettet er sein Leben nicht, so sagt er nicht: „Ein Trugbild hab ich in der Hand!"
Jesaja 44,9.20; NeÜ

Die Grundlage von Götzendienst ist das Vertrauen auf Lügen. Lügen über Gott – dass er sich nicht kümmert, mich nicht zufriedenstellt und untreu ist, dass er mich nicht liebt, nicht gut ist oder ich ihm egal bin. Oft entdecke ich den Götzen in meinem Herzen und versuche, Buße zu tun, aber ich tauche nicht tief genug hinab, um die Sünde hinter der Sünde zu entdecken. Zum Beispiel tue ich Buße, weil ich dem Götzen der Sucht nach Anerkennung angehangen habe, aber ich tue nicht Buße darüber, da ich nicht wirklich glaube, dass Gott mich liebt. Und Letzteres hat überhaupt erst dafür gesorgt, dass der Götze Nahrung in meinem Herzen fand.

Eine weitere raffinierte und heimtückische Tatsache über Götzen ist, dass sie oft eine Pervertierung von Wünschen darstellen. Götzen nehmen etwas, das eigentlich gut sein könnte (wie Fleiß, der Wunsch nach einer glücklichen Familie, Dienst an anderen, Körperpflege, Kreativität) und verderben diese Wünsche. Auf einmal steht die Erfüllung dieses Wunsches an erster Stelle in unserem Leben.

Wenn sich Götzen in unserem Herz breitmachen, wollen sie genährt und angebetet werden. Ihre Ernährung wird zum Vollzeitjob und unsere Herzen bewegen sich weiter von dem Einen weg, der uns wirklich Erfüllung schenken kann – Jesus.

Werden unsere Götzen entblößt, ist unsere Reaktion darauf allzu oft falsche Buße. Wir bemühen uns, unsere Sünden in den Griff zu bekommen, und betreiben Schadensbegrenzung, um die negativen Konsequenzen unseres Götzendienstes möglichst gering zu halten. Wir strengen uns noch mehr an und versuchen, „besser zu werden", um unsere Probleme selbst zu lösen.

Auch hier gilt: Die einzig echte Lösung für unser Götzenproblem ist, dass wir auf Jesus schauen und uns damit beschäftigen, was er uns stattdessen anbietet. Elyse Fitzpatrick erinnert uns liebevoll an den wirksamen Ausweg aus dem Götzendienst: „Einzig die überschwängliche Liebe, die in den Evangelien gezeigt wird, besitzt die Macht, uns von unseren Liebeleien wegzuziehen. Die Schönheit seiner Gnade lässt im Vergleich alles andere blass aussehen."[2]

Bitten Sie Gott, dass er Ihnen die Scheuklappen von den Augen nimmt und Ihnen den Unglauben zeigt, der das Fundament Ihrer Götzen ist. Machen Sie sich bewusst, welchen Schaden Sie durch diese Götzenanbetung nehmen. Bitten Sie Gott, Ihnen ein bußfertiges Herz zu geben, und laufen Sie zurück zum Kreuz, zurück in die Beziehung zu ihm. Eine Beziehung zu dem, der ausruft: „Ich liebe dich! Ich gebe dir alles, was du brauchst!" Jubeln Sie darüber, dass Gott Ihnen längst *alles* gegeben hat, wonach Sie dürsten und sich sehnen. Er hat es bereits getan. Er hat Ihre Bedürfnisse erfüllt und Ihren Mangel ausgeglichen. Sie müssen sich keine Ananasdose mehr schnappen oder sich an einer Lüge festklammern.

Sehen Sie sich den unteren Kreis der Grafik an und fragen Sie: „Was nährt diesen zerstörerischen Kreislauf, in dem ich mich wie ein einsames Waisenkind verhalte und getrennt von Gott lebe?"

Die Antwort lautet: *Lügen*. Das Verhalten eines Waisenkindes beginnt, wenn man Lügen über seine Sünde glaubt sowie Lügen darüber, wie man sie bewältigen kann, was zu neuen Lügen führt – Lügen darüber, was mein Herz erfüllen und zufriedenstellen wird. Diese Lügen gaukeln uns vor, wir könnten unser Leben ohne Gott meistern.

Kurz bevor der Prophet Jona aus dem Bauch des Wals ausgespuckt wurde, sagte er: *„Die, die nichtige Götzen verehren, verlassen ihre Gnade"* (Jona 2,9).

Wissen Sie, was mir beim Thema „Götzendienst" am meisten Angst macht? Wenn ich mich an meine Götzen klammere, entferne ich mich von der Gnade. Ich verlasse mich auf mich selbst statt auf Gott.

Nachgehakt

1. Lesen Sie Epheser 1, und notieren Sie sich alle geistlichen Segnungen, die Sie in Christus bekommen haben. Diese Aufzählung ist ein guter und wichtiger Anfang. So werden Sie Ihre Definition des Evangeliums und Ihre Sicht von Gott ausweiten.
2. Inwiefern würde es Sie verändern, wenn Sie wirklich glaubten, dass Gott seinen Zorn über Jesus ausgegossen hat (was bedeutet, dass für Sie kein Zorn mehr übrig ist!)?
3. Was haben die Fragen auf S. 68 zutage gebracht – welche Götzen haben sich möglicherweise in Ihrem Herz niedergelassen? Nennen Sie diese Götzen beim Namen. Denken Sie als Nächstes darüber nach, wie Sie diese Götzen genährt haben (welchen Lügen Sie auf den Leim gegangen sind).
4. Inwiefern wird Ihr Empfinden, gerechtfertigt zu sein, unterstützt, wenn Sie sich an Ihre Götzen festklammern? Inwiefern nährt es Sie? Inwiefern beruhigt es Sie?

5. Inwiefern sind Ihre Götzen eine Pervertierung eines von Gott gegebenen Bedürfnisses? Wie erfüllt Christus dieses Bedürfnis?
6. Lesen Sie Jesaja 44 und Jona 2. Was lernen Sie in diesen Kapiteln über Götzendienst?

Das Thema „Götzenanbetung" wurde bereits ausführlich untersucht. Denken Sie doch einmal über zwei meiner Lieblingszitate nach:

> *Ein Götze ist das, woraus Sie Ihre Identität ableiten und wohin Sie sich wenden, um sich gerecht zu fühlen. Das gilt für alles, was Ihnen wichtiger ist als Gott, alles, was Ihr Herz und Ihre Fantasie gefangen hält. Alles, von dem Sie sich etwas erhoffen, das Ihnen aber nur Gott geben kann.*
> Tim Keller[3]

> *Die Wurzel des Übels der Menschheit ist nicht allein ein äußeres Verhaltensproblem – es ist ein inneres Problem des Herzens. Paulus glaubte, dass einer der Hauptgründe dafür, dass die menschlichen Herzen nicht mehr verändert werden, der ist, dass die menschlichen Herzen sich von Götzen haben gefangen nehmen lassen. Die Götzen klammern sich an ihre neue Behausung und stehlen die Zuneigung, die*

eigentlich Gott gebührt (vgl. Epheser 5,3–5). Sie sündigen, weil Sie nicht glauben, dass Gott an erster Stelle steht und für Sie sorgt.[4]

4

Eine erneuerte Identität: Kind Gottes oder Waise?

Sünde und ihre Auswirkungen auf das menschliche Herz sind deshalb so heimtückisch, weil das, was wir anbeten, uns irgendwann definieren wird – d. h. es wird unsere Identität formen und gestalten. Dann wird ein Kreislauf in Gang gesetzt; denn wer wir sind, bestimmt größtenteils, was wir tun. Es ist wichtig, dass wir unsere wahre Identität kennen, weil sie uns in jeglicher Hinsicht beeinflussen wird. Was wir anbeten, wird uns letztlich definieren.

Zwei unserer Kinder gehörten zum Leichtathletikteam ihrer Highschool. Eines Tages stellte der Trainer den Jugendlichen eine interessante Aufgabe. Er bat sie, aufzuschreiben, welche Rollen sie im Moment zu erfüllen hätten – zum Beispiel die des Schülers, Sportlers usw. Er sagte ihnen dann: „In ein paar Jahren werdet ihr vor ganz anderen Aufgaben stehen und dementsprechend neue Rollen erfüllen müssen. Was passiert mit euch, wenn ihr nicht mehr das macht, was ihr zurzeit macht, wenn ihr eure Identität genau daraus abgeleitet habt?"

Das ist eine sehr gute Frage. So oft lassen wir es zu, dass unsere Identität durch unsere Lebensphase und Umstände definiert wird. Aber beides ist flüchtig. Ihre Identität wird dadurch bestimmt, wer Sie *sind*, und nicht durch das, was Sie *tun*. Ihre Identität ist das, was Sie definiert. Sie bestimmt Ihre Sicht der Umstände, in denen Sie sich befinden, Ihre Taten und Ihren Blick auf die Zukunft. Eine korrekte Definition Ihrer Identität ist absolut entscheidend, wenn es darum geht, das Evangelium richtig zu verstehen.

Das Leben als Kind Gottes

Denken Sie einmal darüber nach, was passiert, wenn Menschen Gott kennenlernen, so wie wir es an zahlreichen Stellen in der Bibel lesen. Wir sehen dort viele Beispiele von radikalen Veränderungen. Die Schrift ist voll von Erzählungen über Menschen, deren Identität durch eine Begegnung mit Gott radikal verändert wurde:

» Mose – vom einfachen Hirten zum Herausforderer von Königen
» Hannah – von einer kinderlosen Frau zur Mutter eines Propheten
» David – vom Hirtenjungen zum Bezwinger von Riesen
» Die Frau aus Samaria – von der Ehebrecherin zu einer Jüngerin

Wenn wir Gott durch Buße und Wiederherstellung begegnen, erkennen wir neu, als was Gott uns schuf und wer wir als Kinder Gottes sind. Wir bekommen eine neue Identität und werden verändert:

- » von beschämt zu frei
- » von unvergeben zu vergeben
- » vom Sklaven zum Freien
- » vom Feind zum Freund
- » von unbekannt zu erkannt
- » von zerbrochen zu geheilt
- » von der Waise zum Kind Gottes
- » von ungeliebt zu geliebt

Ist das nicht irgendwie verrückt? Paulus beschreibt das in Galater 4,3–7:

> *So waren auch wir, als wir Unmündige waren, unter die Elemente der Welt versklavt; als aber die Fülle der Zeit kam, sandte Gott seinen Sohn, geboren von einer Frau, geboren unter dem Gesetz, damit er die loskaufte, die unter dem Gesetz waren, damit wir die Sohnschaft empfingen. Weil ihr aber Söhne seid, sandte Gott den Geist seines Sohnes in unsere Herzen, der da ruft: Abba, Vater! Also bist du nicht mehr Sklave, sondern Sohn; wenn aber Sohn, so auch Erbe durch Gott.*

Einige Verse später trifft Paulus folgende unglaubliche Aussage: „... jetzt aber habt ihr Gott erkannt – vielmehr seid ihr von Gott erkannt worden“ (Galater 4,9).

Erkannt. Von. Gott. Lassen Sie diese Tatsache einmal auf sich wirken. Unsere Beziehung wird weniger durch die Tatsache charakterisiert, dass wir Gott erkennen können, sondern dadurch, dass *er uns* erkannt hat. Dass er sich nach einer Beziehung zu uns sehnt – einer Beziehung, die erst durch das Kreuz möglich wird.

Durch diese Transaktion am Kreuz wird uns vergeben, wir werden für gerecht erklärt und bekommen jede geistliche Segnung in Christus (Epheser 1). Darüber hinaus adoptiert er uns als seine Kinder und wir bekommen vollen rechtlichen Status als seine Erben. Allein Gottes Vergebung zu bekommen ist wunderbar. Aber in seine Familie aufgenommen zu werden? Von Gott erkannt zu werden? Das ist das Sahnehäubchen! Darum schreibt J. I. Packer: „Für den Gläubigen ist die Offenbarung, dass Gott sein Vater ist, gewissermaßen der Höhepunkt der Bibel.“[1]

Diese Woche hörte ich einen Vortrag von Christine Caine von dem gemeinnützigen Verein A21, der sich für die Abschaffung des Menschenhandels einsetzt. Sie berichtete, wie ihre Eltern ihr eines Tages erzählten, dass sie adoptiert sei. Sie war zu diesem Zeitpunkt bereits 33 Jahre alt. Ich kann wohl kaum nachvollziehen, wie das ihre Welt auf den Kopf gestellt haben muss – ebenso wie ihre Sicht über sich selbst, ihre Familie und ihre eigene Identität. Was mich an ihrer Geschichte aber am meisten berührte, war, was auf ihrer Geburtsurkunde stand. Anstatt eines Namens hatte man ihr nur eine Nummer gegeben und den Vermerk „unbenannt“ hinzugefügt.

Aber all das veränderte sich, als sie adoptiert wurde.

Jede Adoptionsgeschichte hat mit Verlust und Wiederherstellung zu tun. Das Gleiche gilt auch für uns. Die Schrift beleuchtet das an vielen Stellen. Aber meine Lieblingsverse dazu stehen in Hesekiel 16 und Römer 9.

In Hesekiel 16 finden wir eine allegorische Beschreibung der Untreue Israels. Ein Kind wird beschrieben, das nach der Geburt ausgesetzt wird: „Niemand blickte mitleidig auf dich, um dir eines dieser Dinge aus Mitleid mit dir zu tun, sondern du wurdest auf die Fläche des Feldes geworfen, aus Abscheu vor deinem Leben, an dem Tag, als du geboren wurdest“ (Vers 5). Dem Herrn sei Dank endet die Geschichte nicht an dieser Stelle. „Da ging ich an dir vorüber und sah dich in deinem Blut zappeln; und zu dir in deinem Blut sprach ich: Bleibe leben!“ (Vers 6). Dann verkündete Gott: „Und ich schwor dir und trat in einen Bund mit dir, spricht der Herr, HERR, und du wurdest mein“ (Vers 8).

Mein! Ich liebe dieses Wort! Und die Geschichte geht noch weiter. Im nächsten Vers wird beschrieben, mit welcher Liebe und Zärtlichkeit dieses Waisenkind von Gott großgezogen wird und wie aus dem Mädchen eine Frau wird, deren Schönheit weit über die Grenzen Israels gepriesen wird.

Dann platzt in Vers 15 jedoch die Bombe: „Aber du vertrautest auf deine Schönheit, und du hurtest auf deinen Ruf hin und gossest deine Hurereien aus über jeden, der vorbeikam.“ Im Rest des Kapitels werden die schmutzigen Details ihres Lebenswandels bloßgelegt. Die guten Gaben, mit denen sie von Gott überschüttet worden war, werden von dieser jungen Frau in Götzen verwandelt und von ihr angebetet. Am Ende dieses Kapitels liest man dann: „Und ich selbst werde meinen Bund mit dir aufrichten, und du wirst erkennen, dass ich der HERR bin: damit du daran denkst und dich schämst und den Mund nicht mehr öffnest wegen deiner Schmach, wenn ich dir alles vergebe, was du getan hast, spricht der Herr, HERR" (16,62–63).

Wir pervertieren unsere von Gott gegebene Schönheit und die Gaben, die wir von ihm erhalten haben, und rebellieren gegen unseren Schöpfer. Aber er rettet und vergibt uns trotzdem!

In Römer 9 finden wir ein weiteres Beispiel einer Adoption und eine erstaunliche Aussage. In diesem Kapitel werden einige schwer verständliche Aspekte des Glaubens dargelegt – wie Gottes Souveränität, Gericht und Erbarmen. Umso erstaunlicher, dass es mit folgendem Bild von Ablehnung und Erlösung schließt:

> *Wie er auch in Hosea sagt: „Ich werde Nicht-mein-Volk mein Volk nennen und die Nicht-Geliebte Geliebte. Und es wird geschehen, an dem Ort, da zu ihnen gesagt wurde: Ihr seid nicht mein Volk, dort werden sie Söhne des lebendigen Gottes genannt werden."*
> Römer 9,25–26

Paulus bezieht sich auf eine Stelle im Alten Testament: Hosea 1,10. Wenn wir verstehen wollen, welche große Bedeutung Paulus' Aussage für unsere Identität hat, müssen wir uns kurz mit Hoseas Geschichte befassen.

> Wir rebellieren gegen Gott, aber er rettet und vergibt uns trotzdem.

Gott wies Hosea an, eine Prostituierte zu heiraten und mit ihr Kinder zu zeugen. Jedes Kind bekam einen Namen, der Gottes Missfallen zum Ausdruck brachte und eine Gerichtsandrohung für das Volk Israel darstellte. Das dritte Kind von Hosea hießt sogar *Lo-Ammi*, was „Nicht-mein-Volk“ bedeutete. (Ich glaube, ich hätte lieber gar keinen Namen gehabt.) Wenn dies das Ende der Geschichte wäre, dann wäre das wirklich traurig. Aber eigentlich ist das erst der Anfang. In Hosea bekommen wir eine Vorstellung davon, wie Gott unermüdlich um uns wirbt – trotz unserer Untreue und unseres Weglaufens. Zum Ende von Kapitel 2 des Buches Hosea wird eine große Umkehr und Wiederherstellung erwähnt, die aber noch aussteht. In den Versen im Römerbrief erinnert uns Paulus daran, dass es bereits geschehen ist. Wir sind bereits verändert worden. Gott hat das Gericht über die Menschen umgekehrt und in Christus sein Versprechen erfüllt: „Und es wird … zu ihnen gesagt [werden]: … Söhne des lebendigen Gottes“ (Hosea 2,1).

Dies ist dieselbe Liebe und Gnade, in die wir gehüllt wurden. Ein **wunderbare, erstaunliche, fantastische Gnade!** Durch Jesus ist die Beziehung zu unserem Vater wiederhergestellt, damit wir als seine Kinder leben dürfen: „So viele ihn aber aufnahmen, denen gab er das Recht, Kinder Gottes zu werden, denen, die an seinen Namen glauben“ (Johannes 1,12).

Mit Gott als unserem Vater haben wir eine neue Identität in Christus bekommen. Ihre Identität ist direkt damit verbunden, wer er ist und was er für Sie getan hat, und hat nichts damit zu tun, was Sie leisten können. Dem, was er getan hat, kann man nichts mehr hinzufügen. Die folgende Gleichung zeigt, wie unsere Identität als Kind Gottes aus dem Charakter Gottes fließt:

Gott ist

_______________;

deshalb bin ich

_______________.

Er ist. Ich bin. Als sein Kind ist meine Identität in der ewigen Liebe und Unveränderbarkeit Christi verborgen. Meine Identität wird dadurch definiert, wer er ist – und nicht wer ich bin. Die folgende Tabelle zeigt, welche konkrete Auswirkungen das hat:

Gott ist …	**… deshalb bin ich …**
der Erlöser	erlöst
der Schützer	beschützt
der Herrscher	unter seiner Herrschaft
der Tröster	getröstet
der Erhalter	voller Hoffnung
der, der alles sieht	mit allem versorgt
die Liebe	geliebt

Einige dieser Charakteristika sind leicht nachzuvollziehen:

Er ist die Liebe, deshalb werde ich geliebt.
Er vergibt, deshalb wird mir vergeben.

Andere Beispiele scheinen uns nicht den Tatsachen zu entsprechen, weil wir sie noch nicht erfahren haben:

Er ist der Arzt, deshalb werde ich geheilt.
Er ist der Wiederhersteller, deshalb werde ich wiederhergestellt.

Das Leben mancher Menschen scheint geradezu das Gegenteil zu beweisen. Sie würden wohl protestieren: „Ich wurde nicht geheilt", oder: „Ich wurde nicht wiederhergestellt."

Noch nicht.

Der Prozess ist noch im Gang. Gott hat ein Werk begonnen, das er beenden wird – spätestens wenn wir bei ihm im Himmel sind. Es gibt also Aspekte unserer Identität, die wir mit „noch nicht" überschreiben müssen.

Vielleicht sollten wir also die Zeitform in der Aussage ändern:

Er ist der Arzt, deshalb werde ich geheilt werden.
Er ist der Wiederhersteller, deshalb wird er mich wiederherstellen.

Wir bekommen jetzt schon einen Vorgeschmack auf unsere neue Identität, aber die Verwandlung wird erst im neuen Himmel und auf der neuen Erde komplett abgeschlossen sein. Meine neue Identität als Gotteskind löst eine Kettenreaktion aus, die mich schließlich völlig verändern wird: wie ich mich selbst sehe, meine Sünde, meine Lebensumstände, meine Sorgen und Nöte, sogar meinen Dienst an anderen und für Gott. Darum verändert das Evangelium alles. Nachdem es einmal mein Herz ergriffen hat, sickert es in alle Bereiche meines Lebens durch:

» Ich werde Gott dienen, jedoch nicht aus eigener Kraft oder bloßer Pflichterfüllung. (Geistliche Tretmühle verboten!). Stattdessen ist mein Dienst meine Antwort auf das, was er für mich getan hat.

» Ich kann mich selbst als heiligen Menschen sehen (als jemand, dem vergeben wurde) wie auch als sündigen Menschen (als jemand, der Vergebung braucht), der bekleidet ist mit seiner Gerechtigkeit, aber völlig abhängig von seiner Gnade.

» Ich sehe Gnade nur nicht als Mittel meiner Errettung, sondern als das, was mich stützt und stärkt. Seine Gnade beginnt und beendet das Werk in meinem Herzen.

» Ich kann riskieren, anderen ohne Angst vor Ablehnung oder Schmerz meine Liebe zu zeigen.

» Ich kann anderen mit der Gnade begegnen, mit der Gott mir begegnet. Ich werde keine Kritiksucht in meinen Beziehung akzeptieren.

» Ich fordere nicht, dass mein Götze versorgt wird. Stattdessen erkenne ich, dass mein Götze ein tieferes Verlangen darstellt, und ich wende mich an Christus, damit er dieses Bedürfnis erfüllt, und danke ihm, dass er für mich genug ist.

» Ich kann denen vergeben, die mich verletzt haben. Ich schaffe das, weil ich verstehe, dass ihre Schuld mir gegenüber völlig bezahlt werden wird – auf die eine oder andere Weise. Entweder werden sie auf Christus vertrauen oder sie werden die Ewigkeit getrennt von ihm verbringen müssen. Wie auch immer – ich muss von ihnen keine Bezahlung verlangen.

» Ich werde nicht bitter. Ich erinnere mich daran, dass Gott meine Umstände durch das Sieb seiner Hände gleiten lässt – die Hände eines liebenden Gottes. Es gibt keinen Plan B, denn dies ist Plan A.

» Ich muss nicht in Angst und Anspannung leben. Gott ist allmächtig und übersieht nichts. Auch wenn ich seine Wege nicht verstehe – er kümmert sich um mich.

» Ich kann in seiner vollkommenen Liebe ruhen. Ich muss mich nicht abmühen, um Anerkennung und Akzeptanz von Gott und meinen Mitmenschen zu bekommen.

Diese Liste ist erst ein Anfang. Die Wahrheit des Evangeliums ________________ alles! (Ich denke, Sie haben mittlerweile ein Gefühl dafür bekommen, was ich meine).

Es ist wichtig, dass wir verstehen, was unsere Identität ist. *Sehr wichtig*. Wenn ich nicht verstanden habe, dass ich ein Kind Gottes bin, werde ich verunsichert bleiben und nicht so leben können, wie er es für mich vorgesehen hat. Ein Leben im Glauben hängt sogar davon ab, dass ich verstehe, wer ich in Christus bin und was er für mich getan hat. Ich musste das in meinem eigenen Leben feststellen. Das Evangelium hat mich verändert, verändert mich noch und wird mich weiter verändern. Das wurde mir in schwierigen Lebensphasen am meisten bewusst. Irgendwann war ich in der Lage, es in einem Brief schriftlich zu formulieren:

> *Ich bin mir bewusst, dass Gott mir geholfen hat, denn er ist derjenige, der durch den Tod Christi Vergebung ermöglicht hat. Er verspricht: „Ich werde euch die Jahre erstatten, die die Heuschrecke … und der Nager gefressen haben." Weil Gott mir vergeben hat, kann ich dir vergeben. Ich glaube an einen starken, mächtigen und liebenden Gott. Ich weiß, er wird mir Heilung schenken, wenn ich unter den Konsequenzen meiner schlechten Entscheidungen leide. Er ist mein Erlöser, der mich heilt und vollkommen macht. Er hat meine Seele wiederhergestellt. Egal, wie du reagieren wirst, Gott hat mir den Weg der Vergebung gezeigt, der schnurgerade zum Fuß des Kreuzes führt. Dort habe ich in den Armen meines liebevollen Gottes Trost gefunden und Balsam für die Wunden meines gebrochenen Herzens.*

Es ist interessant, diesen Brief nach so vielen Jahren wieder zu lesen und darüber nachzudenken, was Gott seitdem getan hat. Sogar damals, als ich gerade erst anfing, die Bedeutung des Evangeliums wiederzuentdecken, ankerte meine Heilung in der Erkenntnis, wer Gott ist und was er für mich getan hat. Wenn das Evangelium der Gnade in unsere Herzen sickert, wird es nicht nur unsere Beziehung zu Gott wiederherstellen, sondern uns auch eine neue Identität verleihen. Unsere Hoffnung ruht auf der kommenden Wiederherstellung und gibt uns den Mut, in unserem Schmerz durchzuhalten, denn wir wissen, dass wir in ihm verborgen sind und gehalten werden – wir wissen, dass er eines Tages alles neu machen und unsere Verwandlung abgeschlossen sein wird.

Das Leben als Waise

Leider werde ich in diesem Leben niemals die volle Realität meines Lebens als Kind Gottes begreifen und auskosten können. Ich werde immer in der Versuchung stehen, eigene Wege zu gehen oder meinen Sündenberg selbst abzutragen. Irgendwie scheint mir das leichter zu fallen, als Christus um Vergebung zu bitten und in ihm zu ruhen. Und es gibt sogar Zeiten, in denen ich seine Gnade ablehne, obwohl ich mich nach ihr sehne. Ich lehne die Liebe des Vaters und den Trost des Kreuzes ab. Ich rede mir ein, dass meine Art von Sündenmanagement ausreicht und dass mein Götzendienst kaum der Rede wert ist. Wenn ich in diese Falle tappe, entwickelt sich mein Leben schnell zu einem Schatten dessen, was es eigentlich sein sollte. Ich lebe aus eigener Kraft anstatt aus Gottes Kraft.

Das Buch *From Fear to Freedom* (zu Deutsch etwa: Von der Angst zur Freiheit) von Rose Marie Miller öffnete mir die Augen dafür, dass ich als geistliches Waisenkind gelebt hatte. Ich hatte es auf einer Konferenz gekauft, auf der Jack und Rose Marie Miller einen Vortrag über Gott, den Vater, hielten. Ich konnte kaum alles aufnehmen, was sie sagten –

weil ich die Gnade noch nicht wirklich gekostet hatte und auch die Fülle des Evangeliums noch nicht wirklich verstanden hatte. Aber auf dem Weg nach draußen kaufte ich ihr Buch. Später am Abend fing ich an, darin zu lesen. Dieses Buch zeigt mir meine eigene Lebensgeschichte und den geistlichen Zustand meines Herzens. Endlich hatte ich eine Erklärung für die Wirklichkeit meines Alltags.

Schließen Sie einen Augenblick Ihre Augen und stellen Sie sich ein Waisenkind vor. Vielleicht sehen Sie ein sich selbst überlassenes Kind in New York, ein Straßenkind in Kalcutta auf der Suche nach etwas Essbarem oder ein Kleinkind in Guatemala, das in einen Käfig gesperrt ist. Lassen Sie dieses Bild auf sich wirken. Stellen Sie sich die Geräusche vor, die Gerüche. Aber vor allem: Stellen Sie sich die emotionale und geistliche Entwicklung dieses Kindes vor, wenn niemand es rettet.

Jetzt stellen Sie sich vor, dass jemand dieses Kind adoptiert. Es weigert sich, in seinem neuen Bett zu schlafen. Es verlässt den Mittagstisch und sucht auf der Straße nach Essen. Es kettet sich an sein Bett, um sich sicher zu fühlen.

Man kann sich das kaum vorstellen, ich weiß. Aber aus geistlicher Perspektive verhalten wir uns genau so. Wir leben immer noch wie Waisen, obwohl wir längst adoptiert wurden und in einer Familie leben.

Ich las, wie das Evangelium Rose Marie verändert hatte. Sie lebte nicht mehr wie ein Waisenmädchen, sondern als Tochter Gottes. Nun hatte ich ein viel klareres Bild davon, wie das in meinem eigenen Leben aussehen könnte, aber ich brauchte eine grafische Darstellung, um es wirklich zu begreifen. Stellen Sie sich vor, die folgende Tabelle wäre ein Röntgenbild, das Ihnen schwarz auf weiß Ihr Leben als geistliches Waisenkind zeigt.[2]

	Mein Leben als Waisenkind	Mein Leben als Gotteskind
Ich bin …	ängstlich, bindungslos, misstrauisch, hoffnungslos, verbittert, unsicher, auf mich selbst gestellt und gefangen.	voller Hoffnung, Vertrauen, Freude, Zuversicht, Zufriedenheit, von Gott abhängig und sicher.
Ich …	rede schlecht über andere, suche die Schuld bei anderen, bin kritiksüchtig, versuche die „Schulden" anderer einzutreiben, jammere und klage, will alle und alles kontrollieren, reagiere defensiv.	bin gnädig und verurteile andere nicht, übernehme die Verantwortung für mich und meine Taten, vergebe und nehme andere an, gehe schnell ins Gebet, bin voller Glauben.
Ich sehe Gott …	als abwesenden Vater, der mich nur duldet, der mich richtet, verurteilt und all meine Fehler auflistet, und als Fordernden.	als starken Vater, als vertrauenswürdigen und souveränen Versorger, als Schenkenden, als Geber; als jemanden, der liebt, vergibt und treu ist.

Ich sehe Sünde …	aus dem Blickwinkel der Pharisäer und Moralisten, denn ich konzentriere mich nur auf mein äußeres Verhalten. So betrüge ich mich selbst und verleugne meine Sündennatur, denn ich sehe Sünde nur als gelegentliches Problem.	indem ich mein Herz in den Fokus nehme. Ich erkenne meine falsche Einstellung und weiß, dass ich schlechter bin, als mir bewusst ist. Ich erkenne, dass meine gut gemeinten Anstrengungen ein Beweis für Mangel an Glauben sind.
Ich sehe mich selbst …	als geistliche Bruchbude – schuldbeladen und unwürdig, aber verlasse mich auf meine eigene moralische Willensstärke. Ich bin in meinen Umständen gefangen und habe Angst vor der Meinung anderer.	als Sünder, dem vergeben wurde; frei, in Abhängigkeit von Gott und geliebt; als Heiligen.
Ich sehe Gnade als etwas …	das ich nicht unbedingt im Alltag nötig habe, aber das ich meinem eigenen Bemühen hinzufügen muss, um Gott zufriedenzustellen (weil Gott allein nicht genug ist).	das für meine Errettung und mein fortwährendes Wachstum unbedingt notwendig ist, etwas, das ich täglich brauche.

Diese Tabelle zeigt eigentlich nur die Symptome einer Identitätskrise. Wenn wir als Waisen leben, lehnen wir die von Christus verliehene Identität ab und basteln uns eine eigene, die von unserer Vergangenheit, unseren Nöten und Umständen definiert wird.

Unsere Vergangenheit – das schließt unsere Familiensituation mit ein (die jetzige wie auch die Herkunftsfamilie), unsere Leistungen und Fähigkeiten, wie andere mit uns umgegangen sind oder wie wir andere behandelt haben (im Guten wie im Schlechten).

Unser Nöte – das sind Verletzungen, die uns durch Mitmenschen oder durch die Umstände zugefügt wurden oder die Konsequenzen unserer eigenen Entscheidungen sind.

Unsere Umstände – also unsere derzeitige Lebensphase (Sind wir alleinstehend, verheiratet, verwitwet, geschieden, Hausfrau, berufstätig, alleinerziehend, Mutter/Vater erwachsener Kinder, Großmutter/Großvater oder Rentner?) und unsere aktuelle Lebenssituation (z. B. in Scheidung stehend, krebskrank, beruflich oder sportlich erfolgreich, in der Gründung einer Firma oder vor dem Wiedereinstieg in den Beruf stehend, unfruchtbar ...).

Die grafische Darstellung auf der nächsten Seite macht deutlich, wie diese Dinge unser Leben umklammern können:

Ich wurde

__________________;

deshalb bin ich

__________________.

Ich wurde…	**… deshalb bin ich …**
kontrolliert	bitter
ein Opfer von Missbrauch	aggressiv
erfolgreich	stolz
vernachlässigt	um Unabhängigkeit bemüht
betrogen	misstrauisch
krank	überbehütend
kritisiert	kritisch anderen gegenüber

Wenn Sie ähnlich ticken wie ich, dann fühlen Sie sich beim Lesen dieser Liste ertappt. Ich kann mich in vielen dieser Aussagen wiederfinden. Ich lasse zu, dass die Auswirkungen meiner Vergangenheit, meiner Nöte und meiner aktuellen Lebenssituation mich verschlingen. Wenn alles gut läuft, bin ich zuversichtlich und selbstbeherrscht. Wenn etwas schiefgeht oder Schwierigkeiten auftreten, reagiere ich schnell ängstlich, frustriert und aggressiv.

Wenn ich als geistliches Waisenkind lebe, bleibt alles an mir hängen. Ich bin überzeugt, dass Erfolg und Misserfolg ganz allein von meinen Anstrengungen abhängen. Ich kann mich noch gut an die Lebensphase erinnern, als unsere Kinder noch klein waren. Ich fühlte mich meiner Aufgabe als Ehefrau und Mutter überhaupt nicht gewachsen. Das ist ein gutes Bild für das Verhalten des verwaisten Kindes.

Im Laufe des Tages hatte ich die Betten abgezogen und die Bettwäsche in die Waschmaschine gesteckt. Als wir abends die Kinder ins Bett bringen wollten, stellte ich fest, dass ich die Bettwäsche vergessen hatte. Ich lief in die Garage, um die nassen Laken in den Trockner zu werfen. Eigentlich kein großes Problem, oder? Ich hätte einfach andere Bettwäsche aus dem Schrank holen oder die Kinder länger auflassen oder von mir aus auch in Schlafsäcken ins Wohnzimmer legen können.

Nun, ich war wohl ziemlich lange in der Garage, denn irgendwann kam David. Er hatte sich gewundert, wo ich wohl bliebe, und sich auf die Suche nach mir gemacht. Ich will gar nicht wissen, was er dachte, als er mich auf dem Boden der Garage vorfand. Ich saß gegen die Waschmaschine gelehnt, Knie angezogen, und heulte. Wahrscheinlich hörte er, wie ich stammelte: „Ich bin so eine Versagerin. Was bin ich für eine Mutter, dass ich nicht einmal die Betten frisch beziehen kann? Was für ein Loser bin ich, dass ich vergesse, den Trockner anzustellen? Ich verdiene es weder Ehefrau noch Mutter zu sein." Selbstverständlich redete er mir gut zu, er versicherte mir sanft, dass alles kein Problem sei, und schließlich ging ich mit ihm rein.

Wenn ich mich an diese Episode erinnere, kommen wieder die gleichen Gefühle in mir hoch. Offensichtlich war ich mit meiner eigenen Kraft am Ende. Bei mir bedeutet verwaist sein, dass ich mich prima fühle, wenn ich alles hinbekomme, und mich sehr mies fühle, wenn ich nicht im Soll liege.

Ich übertrage diese Denkweise auch auf meine Beziehung zu Gott. An leistungsstarken Tagen klopfe ich mir selbst auf die Schulter, ziehe mir meinen Pharisäerhut auf und stolziere durch die Gegend. Man könnte glatt Fanfarenklänge hören. Aber an Tagen, an denen ich versage, kleide ich mich in Sack und Asche und kasteie mich selbst. Ich orientiere mich in beiden Reaktionen an meiner Leistung. Ich drehe mich nur um mich selbst.

Als geistliches Waisenkind diene ich womöglich anderen, aber ich tue es aus Pflichtbewusstsein und nicht aus Hingabe. Ich erinnere mich vielleicht, dass ich durch Glauben und die Gnade Christi gerechtfertigt bin (d. h. vor Gott als gerecht dastehe), aber ich bin mir ziemlich sicher, dass meine Heiligung (d. h. lernen, christusähnlich zu leben) auf eigenen Bemühungen basiert. Und was Gott als Segen vorgesehen hat – ein Leben in Abhängigkeit von ihm, basierend auf einem glaubenden und anbetenden Herz – wird zum schrecklichen Fluch, weil man in einem Kreislauf von Leistungsdruck und Enttäuschung gefangen ist.

Es gibt zwei Gründe, weshalb Sie möglicherweise wie ein Waisenkind leben. Erstens: Sie glauben zwar an Jesus, aber rein praktisch führen Sie das Leben eines elternlosen, auf sich gestellten Kindes. Das bedeutet nicht, dass Sie kein Christ wären – es zeigt nur, dass Sie sich die wunderbaren und erstaunlichen Segnungen der Errettung entgehen lassen. Sie leben nicht so, wie Gott es für Sie vorgesehen hat. Er hat Sie adoptiert und möchte, dass Sie alle Vorteile eines Lebens in Gottes Familie genießen können.

> Als geistliches Waisenkind diene ich womöglich anderen, aber ich tue es aus Pflichtbewusstsein und nicht aus Hingabe.

Vor Kurzem reiste ich nach Colorado, um auf einer Frauenfreizeit zu sprechen. Die Frau des dortigen Pastors ist eine gute Freundin von mir. Sie hat früher hier in Orlando gelebt. Tricia schrieb vorher in ihren E-Mails, wie wichtig es sei, bereits vor Antritt meiner Reise viel Wasser zu trinken, damit ich nicht höhenkrank würde (Colorado ist der höchstgelegene Bundesstaat der USA). Als sie mich vom Flughafen abholte, hatte sie eine Wasserflasche für mich im Auto deponiert. Bevor ich ins Bett ging, gab sie mir ein Glas Wasser. Das ganze Wochenende über erinnerte sie mich ständig ans Trinken.

Wasser verhindert Austrocknung und ist ein gutes Mittel, um der Höhenkrankheit vorzubeugen. Ihr Rat half mir, das Wochenende in Colorado genießen zu können. Hätte ich nicht so viel Wasser getrunken, wäre ich sicherlich nicht gestorben, aber es hätte womöglich mein Wochenende ruiniert, wenn ich schlimme Kopfschmerzen bekommen hätte und beispielsweise nicht in den atemberaubenden Rocky Mountains hätte wandern können.

Wenn Sie ein Nachfolger Christi sind, sich aber im unteren Kreislauf der Acht befinden, bedeutet das nicht, dass

Sie an Ihrer Errettung zweifeln müssen. Es zeigt nur, dass Sie etwas verpassen. Es ist so, als ob Sie nach Colorado gereist wären und Ihre Reise nicht hätten genießen können, weil Sie nicht genug getrunken haben.

Man musste mich während meines ganzen Colorado-Aufenthaltes ans Trinken erinnern. Tricia war mir eine große Hilfe. Im geistlichen Bereich geht es uns genauso. Wir müssen daran erinnert werden, wer wir sind und was Christus für uns getan hat. Manchmal müssen wir uns auch von anderen erinnern lassen.

Wir müssen an das Evangelium erinnert werden. Wir müssen es uns selbst predigen, Buße tun und zum Kreuz laufen – zurück in die Beziehung. Man vergisst so schnell, was Christus getan hat, und denkt, es dreht sich alles um einen selbst und um das eigene Leben. Das Evangelium drängt uns zum Umdenken.

Der zweite Grund, weshalb Sie vielleicht wie ein geistliches Waisenkind leben, ist der, **dass Sie es tatsächlich sind.** Sie haben niemals zugegeben, dass Sie Gott brauchen. Sie haben niemals zugegeben, dass in Ihnen ein Sünderherz schlägt. Sie haben nie wirklich an das geglaubt, was Christus am Kreuz getan hat. Wenn das der Fall ist, *sind* Sie ein geistliches Waisenkind. Sie leben außerhalb der Familie Gottes und laufen verzweifelt und verwaist in der Grube der Verzweiflung im Kreis. Aber für Sie gilt dasselbe: Erinnern Sie sich an das Evangelium, tun Sie Buße, bitten Sie Christus um Vergebung und laufen Sie zum Kreuz. Dort werden Sie erneuert. Sie werden in die Familie Gottes aufgenommen und eine neue Identität als Kind Gottes bekommen. (Wer mehr darüber wissen möchte, wie man in Gottes Familie aufgenommen wird, sollte das Kapitel *Wie man ein neues Leben bekommt* auf S. 164 ff. lesen.)

Nachgehakt

1. Nennen Sie möglichst viele Menschen aus dem Alten und Neuen Testament, deren Identität verändert wurde, nachdem sie dem lebendigen Gott begegnet waren.
2. In der Grafik spiegelt das Innere des oberen Kreises unsere Identität in Christus wieder. Wenn Sie über die vielen Eigenschaften Gottes nachdenken, die man dort hineinschreiben könnte – für welche sind Sie am dankbarsten?
3. Lesen Sie Psalm 145. Notieren Sie sich, wie Gott dort beschrieben wird. Denken Sie darüber nach. Wie lassen sich diese Eigenschaften mit Ihrer eigenen Identität verbinden? Schreiben Sie es folgendermaßen auf: „Er ist ______________; ich bin ______________. Deshalb kann ich ________________________.
4. Woher leiten Sie Ihre Identität üblicherweise ab? Aus Ihrer Vergangenheit, Ihren Nöten oder Ihren Umständen?
5. Sehen Sie sich die Tabelle an, in der das Leben eines Waisenkindes mit dem eines Gotteskindes verglichen

wurde. Unterstreichen Sie die Worte, die Sie am treffendsten beschreiben. Das ist ein guter Wirklichkeitscheck, aber vielleicht auch ernüchternd. Anschließend stellen viele die Frage: „Wie kann ich das Leben eines Waisenkindes hinter mir lassen, um als Gotteskind zu leben?" Wie würden Sie diese Fragen aufgrund des Gelesenen beantworten?

6. Füllen Sie die folgende Tabelle aus. Denken Sie dabei über Ihre Vergangenheit nach und darüber, wie sie Ihr gegenwärtiges Leben beeinflusst.

Ich war	**Deshalb bin ich**
______________________	______________________
______________________	______________________
______________________	______________________
______________________	______________________

7. Lesen Sie Hesekiel 16 und das dort beschriebene Gleichnis für die Untreue Jerusalems. Die Beschreibung ist zwar recht drastisch, aber sie stellt sehr gut dar, wie Gott uns aus unserem Waisendasein rettet und mit uns, seinen Kindern, einen Bund schließt.
8. Beschreiben Sie Ihre eigene Geschichte von Verlust und Wiederherstellung.

5

Auf Sünde reagieren

Als Gotteskinder bekommen wir eine neue Identität. Damit beginnt ein kompletter Veränderungsprozess. Aber das heißt noch lange nicht, dass wir von nun an perfekt oder immun gegen Leid, Probleme oder Sünde sind. Die Frage lautet dann: „Wie beeinflusst meine Identität meine Reaktion auf diese Dinge?“ Lassen Sie uns dabei besonders darauf achten, wie wir auf Sünde reagieren. Wenn wir als seine Kinder leben, wird unsere innere und äußere Reaktion ganz anders ausfallen, als wenn wir wie Waisenkinder leben.

Ein Kind Gottes tut Buße

Obwohl ich Christ bin, werde ich unaufhörlich mit meiner Sünde und meinem Unglauben konfrontiert. Ständig wird mir bewusst, dass ich Gott brauche. Das schöne am Evangelium ist: Wer sich seiner Gotteskindschaft bewusst ist, wird auf dieses Problem leicht eine Antwort finden: Erinnern Sie sich daran, wer Sie sind, und laufen Sie zum Kreuz. Die Bibel sagt: „Durch Umkehr und durch Ruhe werdet ihr gerettet. In Stillsein und in Vertrauen ist eure Stärke" (Jesaja 30,15).

Das Kreuz ist stark genug, das Gewicht all meiner Unzulänglichkeiten, meiner Ängste, meiner Sorgen und meiner Trauer zu tragen. Eine meiner liebsten Aussagen des Alten Testaments lautet: „Denn er kennt unser Gebilde, gedenkt, dass wir Staub sind" (Psalm 103,14). Diese Beschreibung Gottes ist mir ein großer Trost. Er kennt mich, er durchschaut mich, und er weiß, dass mein Glaube auf wackligen Beinen steht. Ich glaube, aber dennoch glaube ich nicht. Gott weiß genau, wie er mit unserem Unglauben umgehen muss. Was ich an der „Acht" besonders mag, sind die kleinen Pfeile, die eine Bewegung andeuten. Sie sprechen

Bände davon, wie Gottes Gnade uns fortwährend antreibt. Egal, an welcher Position ich mich in diesem Diagramm gerade befinde, Gott lädt mich immer ein, zurück zum Kreuz und zurück in die Beziehung zu ihm zu kommen. Das Kreuz ist stabil genug, das Gewicht all meiner Unzulänglichkeiten, Ängste, Sorgen und Trauer zu tragen.

In Markus 9 wird beschrieben, wie Jesus, Jakobus und Johannes nach der Verklärung Jesu vom Berg herunterkamen. Ein Mann hatte sein krankes Kind zu den Jüngern gebracht und sie um Heilung gebeten – um dann festzustellen, dass die Jünger es nicht zu heilen vermochten. Als Jesus das hörte, rief er aus: „Ungläubiges Geschlecht! … Bringt ihn zu mir!“ (V. 19). Der Vater erklärte den Zustand seines Sohnes und sagte dann: „Aber wenn du etwas kannst, so habe Erbarmen mit uns und hilf uns!“ (V. 22).

Jesus konnte kaum fassen, was er hörte. „*Wenn* du etwas kannst? [Na klar kann ich!] Dem Glaubenden ist alles möglich“ (V. 23; Hervorhebungen hinzugefügt). Daraufhin schrie der Vater: „Ich glaube. Hilf meinem Unglauben!“ Dann heilte Jesus seinen Sohn (V. 24–27).

Das gefällt mir! **Gott erinnert sich daran, dass wir Staub sind. Er durchschaut mich.** So oft jagt es mir durch den Kopf: „Herr, ich glaube. Hilf meinem Unglauben!“ Das Wunderschöne an diesem Bekenntnis ist, dass es in sicheren Händen ist, denn Gott wird uns deswegen nicht zürnen. Vergessen Sie nicht: Sein Zorn ist längst ausgeschüttet!

An der Schule meines Sohnes gibt es einen Müttergebetskreis. Wir beten wöchentlich für die Schüler und

Lehrer, aber auch füreinander. Neulich brach eine dieser herzensguten Frauen in Tränen aus. Im Gebet bekannte sie ihre Wut, die sie angesichts einiger schwieriger familiärer Umstände empfand. Aber sie bekannte auch ihren Unglauben. Mit tränenerstickter Stimme betete sie: „Ich werde immer wieder sagen: ‚Ich vertraue dir, Herr', bis ich es endlich selbst glaube."

Wie diese Frau darf ich meinen Unglauben bekennen, wenn mein Glaube wankt, und zum Kreuz laufen, wo ich in der Liebe meines Vaters und in dem, was Christus für mich getan hat, ruhen darf.

Jesaja 30,15 beschreibt, wie Gott uns Buße und Ruhe anbietet, wir jedoch ablehnen. Ein paar Verse später, nämlich in Vers 18 (und damit unmittelbar anschließend an den Vers, in dem es um die Menschen geht, die sich ihrer schnellen Pferden brüsten – Sie erinnern sich?), wird in wunderbarer Weise beschrieben, wie Gott sich nach uns sehnt, obwohl wir ihn doch ablehnten: „Und darum wird der HERR darauf warten, euch gnädig zu sein, und darum wird er sich erheben, sich über euch zu erbarmen." Auch wenn wir unseren schnellen Pferden mehr vertrauen, **wartet** der Herr darauf, dass er uns Gnade zeigen kann. Er möchte sich so gerne über uns erbarmen. Egal, wo ich gerade stehe und wie weit ich abgeirrt bin, er will mich lieben. Und für diese Liebe muss ich **nichts** tun. Das wirft mich regelrecht um!

Wie können wir ein für alle Mal begreifen, wie sehr wir geliebt werden – trotz der Sünde und des Unglaubens, die in unserem Herzen wüten und Schlimmes anrichten?

Dafür ist es so wichtig, dass wir diese ganze Sache mit der Identität in Christus verstehen. Wenn wir wirklich verstehen, welche Identität wir in Christus haben, werden wir erkennen, dass es drei Dinge gibt, die immer gültig sind:

1. Weil mir vergeben wurde und ich in die Gerechtigkeit Christi gekleidet wurde, bin ich in seinen Augen heilig. Ich bin sicher. Niemand und nichts kann etwas daran ändern.

2. Weil ich ein Sünder bin und von meiner sündigen Natur verdorben bin, werde ich immer noch sündigen.

3. Weil ich sein Kind bin, wird er mir immer mit seiner Gnade nachgehen und mich zu sich zurückziehen.

Heilig. Sündig. Kind. Sagen Sie das dreimal schnell hintereinander! Alle drei Aussagen sind immer gültig. Keine hebt die anderen auf. Wenn wir allein die Tatsache annehmen, dass wir Sünder sind, werden wir von Selbsthass zerfressen oder ständig über unsere Unzulänglichkeiten jammern und klagen. Aber auch dann liegt der Fokus auf uns selbst und nicht auf Christus. Wenn wir uns nur auf unsere Sünden konzentrieren, werten wir ab, was Christus für uns getan hat. Wenn wir uns andererseits nur auf die Tatsache konzentrieren, dass wir Heilige sind – Menschen, die von Gott heilig gemacht wurden –,

Drei Dinge sind immer gültig:
Ich bin heilig, sündig und Kind Gottes.

laufen wir Gefahr, unsere Sünden zu verharmlosen und somit seinen Opfertod zu verspotten. Wenn wir vergessen, dass wir seine Kinder sind, werden wir die innige Beziehung zu ihm nicht genießen, und wir vergessen, wie gut uns Gott kennt. Wenn ich mich als heilig *und* sündhaft sehe, erinnere ich mich daran, dass ich seine Gnade dringend benötige. Durch sie werde ich gerettet und durch sie werde ich vorwärtsgedrängt und wachse in der Erkenntnis, dass ich sein Kind sein darf.

Ich finde es großartig, wie Elyse Fitzpatrick die Essenz unserer Beziehung zu Gott ausdrückt – und den genauen Grund dafür, dass wir vor Buße keine Angst haben müssen. In ihren Büchern und Vorträgen erinnert uns Elyse unablässig, dass wir „willkommen und geliebt sind". Diese Formulierung lädt mich in die Beziehung zu Gott und zur Buße ein, denn ich habe nichts zu befürchten. Es gibt wirklich keine Verdammung mehr.

Eine Waise verlässt sich auf sich selbst

Wenn ich wie ein Waisenkind lebe, werde ich manchmal einen intensiven Blick in den Spiegel werfen und das Ziehen des Heiligen Geistes verspüren. Er drängt mich dazu, Buße zu tun und zu glauben. *Kehre um und vertraue!* Leichter gesagt als getan.

Erinnern Sie sich noch an die Aussage aus Jesaja 30,15: „Aber ihr habt nicht gewollt"? So oft will ich das Kreuz lieber umgehen. Ich versuche, alleine aus der Grube zu klettern, um auf schnellen Pferden zu fliehen. Ironischerweise verwickle ich mich bei meinen eigenen Anstregungen nur noch tiefer in die Fesseln falschen Selbstvertrauens, die mich weiter von Gott wegziehen.

Ich lehne den einfachen (aber vielleicht harten) Weg des Evangeliums ab (Buße und Glaube) und wähle einen viel schwereren Weg, auf dem ich mich mit meiner Sünde allein herumschlage und meine Götzen nähre. Diese Reiseroute verlangt mir viel Kraft ab, denn ich muss mich mächtig ins Zeug legen, um die Anerkennung von meinen

Mitmenschen und von Gott zu gewinnen. Darüber hinaus muss ich meine Wunden entweder leugnen oder selbst versorgen. Und weiter geht's, immer im Kreis herum.

Das ist die Realität, wenn wir falsche Buße tun, indem wir versuchen, unser Verhalten wiedergutzumachen, und uns vornehmen, „besser zu werden". Diese Woche noch las ich einen Interneteintrag der Autorin und Vortragsrednerin Kendra Fletcher. Sie schrieb: „Die Antwort lautet nicht: ‚Schluck's runter, opfere dich für andere, lies mit deinen Kindern drei Stunden täglich in der Bibel, zügle deine Wut und achte auf deine Rocklänge! Die Antwort ist Jesus." Kendra hat es verstanden: Es geht nicht darum, unser Bestes zu geben. Es geht darum, Gottes Gnade in Anspruch zu nehmen.

Das Problem beim Versuch, „besser zu werden", ist, dass wir uns um die Symptome kümmern, aber nicht um den eigentlichen Krankheitsherd: Streng dich mehr an, sei fleißiger, bete mehr und länger, mach deine Stille Zeit, erfülle diese zehn Kriterien zur Heiligkeit und so weiter und so fort! Das heißt nicht, dass unser Handeln unwichtig wäre, aber es darf nicht das Erste sein, worauf wir uns konzentrieren. Sonst ergeht es uns wie den Israeliten:

> *Was wollen wir nun sagen? Dass die Nationen, die nicht nach Gerechtigkeit strebten, Gerechtigkeit erlangt haben, eine Gerechtigkeit aber, die aus Glauben ist; Israel aber, das einem Gesetz der Gerechtigkeit nachstrebte, ist nicht zum Gesetz gelangt. Warum? Weil es nicht aus Glauben, sondern als aus*

Werken geschah. Sie haben sich gestoßen an dem Stein des Anstoßes.
Römer 9,30–32

Die Israeliten stolperten über Christus, weil sie nicht akzeptieren wollten, dass ihre Gerechtigkeit nicht von *eigenen Werken* abhing. Kann es sein, dass wir manchmal in das gleiche Denkschema verfallen und meinen, unsere Gerechtigkeit hinge von unseren eigenen Anstrengungen ab?

Begreift ihr das nicht? ***Wollt ihr wirklich in eigener Kraft zu Ende bringen,*** *was ihr im Geist angefangen habt? ... Gab Gott euch denn seinen Geist und wirkt er Wunder unter euch, weil ihr das Gesetz befolgt* ***oder weil ihr die Botschaft vom Glauben gehört habt?***
Galater 3,3–5; NeÜ (Hervorhebungen hinzugefügt)

Am Ende des letzten Kapitels haben wir uns mit der Tabelle beschäftigt, in der es um unser Leben als Waise oder Gotteskind ging. Wir haben darüber nachgedacht, wie wir unser Waisendasein aufgeben und das Dasein eines Gotteskindes führen können. Die meisten sehen sich die beiden Spalten an und wissen genau, welches Leben sie führen *wollen.* Aber viel zu oft assoziieren wir Veränderung mit Werken (dass wir es also selbst vollbringen müssen). Doch diese Lebensveränderung ist ein Werk, das durch den Glauben vom Heiligen Geist vollbracht wird. Die Antwort auf die Frage, was wir dazu beitragen, lautet: Glaube, was du gehört hast! Oder noch kürzer: Glaube! Es ist genauso leicht oder schwer wie die Herausforderung, die Jesus uns aufträgt und die da heißt: Tue Buße *und glaube*!

Was muss ich denn konkret glauben, um echte Veränderung zu erfahren? Ich muss mich daran erinnern und die Wahrheit darüber glauben ...

» wer Christus ist,
» was er für mich getan hat,
» wer Gott ist,
» dass ich in Christus alle geistlichen Segnungen besitze,
» dass das Wort Gottes wahr ist,
» dass Gott souverän und allmächtig ist,
» dass Gott mich liebt,
» dass Gott mich erkannt hat,
» dass Gott mich sieht,
» dass Gott sich über mich freut,
» und so weiter und so fort ...

Vor vielen Jahren befand ich mich in einer wirklichen Krise. Ich rief meine Freundin Tricia an und packte alles aus. Ich muss mich ziemlich schlecht angehört haben, denn sie lud mich spontan zum Mittagessen ein. Wir setzten uns und redeten miteinander. Tricia sagte in diesem Gespräch etwas, das ich nie vergessen werde. Es wurde Teil meiner geistlichen DNA. Sie sagte: „Die Wahrheit kann dich genauso verändern, wie eine Lüge dich zerstören kann." Ganz einfach, aber extrem tiefgehend.

Dieser Satz löste eine regelrechte Lawine in meinem Herzen aus. Ich fing an, viele Lügen zu entlarven, die sich in mein Denken eingeschlichen hatten und mich quälten. Egal, wie tief das emotionale Loch ist, in dem Sie gerade sitzen, Sie sind wahrscheinlich dort hineingefallen, weil Sie einigen Lügen auf den Leim gegangen sind. Gott kann Sie aus dieser Grube retten, wenn Sie Ihre Augen und Ihr Herz wieder auf ihn richten.

Die Wahrheit zu glauben ist ein Kampf. Ihre Gedanken und Ihr Herz bringen so viele Lügen über Gott hervor, über Sie selbst, über Ihre Sorgen und Nöte und Ihre Umstände. Satan ist der Vater der Lüge, und er will, dass Sie Gottes Liebe und seine Pläne für Sie anzweifeln. Wenn Sie im Strudel des Lebens als Waise herumgewirbelt werden, müssen Sie kämpfen, wenn Sie sich selbst von der Wahrheit überzeugen wollen, weil der Lärm der Lügen vielleicht Ihre Stimme zu ersticken droht. Sogar während ich dies schreibe, kämpfe ich gegen die verlogenen Stimmen in meinem Kopf an. Ehrlich, manchmal überkommt mich eine Welle der Unsicherheit, die mich in meine Teenie-Zeit zurückversetzt: *Was glaubst du eigentlich, wer du bist? Was hast du schon zu sagen, das nicht längst schon gesagt wurde? Gott kann nur Leute gebrauchen, die sich am Riemen reißen können. Wenn deine Leser wüssten, was für eine Versagerin du wirklich bist, dann würden sie dieses Buch in die Ecke werfen. Bla, bla, bla …* Allein die Wahrheit kann die Lügen zum Schweigen bringen.

Rose Marie Miller benutzt in ihrem Buch *From Fear to Freedom* eine Illustration, um unsere Verzweiflung zu verdeutlichen. Wenn wir wie eine Waise leben, dann geht es uns wie einer Raupe, die von einer Feuersbrunst bedroht wird. Sobald eine Raupe in einem feurigen Inferno eingekesselt wurde, gibt es für sie keine Chance zu entkommen. Sie kann nur gerettet werden, wenn jemand sich ihrer erbarmt und sie mit seiner Hand aus dem Feuer heraushebt. Rettung kommt von oben.[1]

> *Beharrlich habe ich auf den HERRN geharrt, und er hat sich zu mir geneigt und mein Schreien gehört. Er hat mich heraufgeholt aus der Grube des Verderbens, aus Schlick und Schlamm; und er hat meine Füße auf Felsen gestellt, meine Schritte fest gemacht. Und in meinen Mund hat er ein neues Lied gelegt, einen Lobgesang auf unseren Gott. Viele werden es sehen und sich fürchten und auf den HERRN vertrauen.*
> Psalm 40,2–4

Für uns heißt das: Aus unserer Waisengrube heraufgeholt zu werden ist so einfach und so schwer, wie sich an das Evangelium zu erinnern. Auf der einen Seite ist es so einfach. Ich muss nur meine Sünde bekennen, Gott um Vergebung bitten und mich dann an unserer wiederhergestellten Beziehung erfreuen. Andererseits kann es das Schwerste sein, was ich je getan habe, gegen die Lügen anzukämpfen, den Stolz herunterzuschlucken, meine Bedürfnisse zuzugeben, meine Götzen zu vernichten und mich nicht von meinen Nöten runterziehen zu lassen.

Meistens erkenne ich noch nicht einmal, wann ich gerade ein Waisendasein friste. Ich bin so blind. Vor einigen Monaten führten David und ich eine dieser Diskussionen, die kein Ende finden. Ich reagierte beleidigt, sauer und wütend. Meine Freundin Valerie und ich machen ein paar Mal in der Woche gemeinsam Sport, und so musste sie sich tagelang mein Gejammer darüber anhören.

Eines Tages schließlich fragte sich mich, als ich gerade mein Fahrrad in die Garage geschoben hatte und das Tor schließen wollte: „Ruthie, dir ist schon klar, dass du gerade das Leben eines Waisenkindes führst, oder?" Ich drehte mich um und drückte auf den Knopf der Torautomatik. Sie stellte sich zwischen die Sensoren, sodass der Schließvorgang unterbrochen wurde, und sagte mit Nachdruck: „Und ich geh hier nicht eher weg, bis du es zugibst!"

Das war ein Freundschaftsbeweis! Wenn wir selbst blind sind, können unsere Freunde die Sache meist am besten erkennen. Gott stellt sie in unser Leben, damit wir von ihnen an das Evangelium erinnert und zurück in seine Arme getrieben werden. Sie sollen Gnade schmecken lassen. Wir brauchen solche Menschen in unserem Leben – Menschen, die uns daran erinnern, umzukehren und zu vertrauen, damit wir nachgeben und dem Einen vertrauen, der mit uns in einer Beziehung leben möchte.

Nachgehakt

1. Gesetzt den Fall, Sie kehren um und und vertrauen Gott – was denken Sie, wie reagiert Gott auf Sie? Mit Liebe, Vergebung, Verachtung oder einem Kopfschütteln? Lesen Sie Lukas 15. Dort erzählt Jesus drei Gleichnisse, die uns Einblick geben, wie Gott auf ein bußfertiges Herz reagiert. Was lernen wir aus diesen Gleichnissen über das Herz Gottes und seine Reaktion auf uns?
2. Wie muss Ihr Bild von Gott korrigiert werden, damit es mit den Aussagen aus diesen Versen übereinstimmt?
3. Warum möchten Sie Ihre Sünde durch falsche Buße in den Griff bekommen, anstatt zum Kreuz zu laufen, um dort Gnade zu empfangen und sich heilen zu lassen? Was veranlasst Sie, seine Gnade von sich zu weisen, anstatt ihr entgegenzulaufen?
4. Welche Stimmen hören Sie in Ihrem Kopf, wenn Ihnen bewusst wird, dass Sie versagt haben, oder wenn Sie Angst davor haben zu versagen? Die Botschaften, die Sie in diesen Momenten hören, geben Ihnen

einen deutlichen Hinweis darauf, welchen Lügen Sie glauben. (Erinnern Sie sich noch an meine kleine Geschichte mit der vergessenen Bettwäsche? Was hatte ich mir damals eingeredet? Was glaubte ich wirklich?)

5. Denken Sie an eine schmerzhafte Erfahrung aus der Vergangenheit und an die bittere Frucht, die sie in Ihrem Leben produziert hat. Haben Sie infolge dieser Erahrung sich oder anderen gegenüber möglicherweise eine Aussage gemacht, die die Lebenslügen bestärkt, an die Sie glauben und die Sie manipulieren wollen? Ich nenne Ihnen einige Beispiele: „Keiner darf mich weinen sehen", oder : „Man kann sich auf niemanden verlassen". Vielleicht sollten Sie sich diese Lebenslügen aufschreiben, sobald der Herr sie Ihnen offenbart. Sie müssen sie identifizieren, wenn Sie ihre Wurzeln ausmerzen und die Wahrheit glauben möchten.

6

Ruhen oder Widerstand

Wahrscheinlich kennen Sie die biblische Aufforderung: „Seid still und erkennt, dass ich Gott bin“ (Psalm 46,11; SCH). Das ist eine warmherzige Einladung des liebenden Vaters. Wir sollen ruhen, zuhören und auf ihn warten. Und trotzdem … mag ich diesen Vers nicht besonders. Stillsein ist so gar nicht mein Ding und Ruhe halten erst recht nicht.

In der Mitte der Acht überschneiden sich die beiden Kreisläufe. Hier muss ich mir die Frage stellen: „Will ich im Evangelium ruhen oder Widerstand leisten?“ Vom Aussehen erinnert das Schild in der Grafik an einen Bahnübergang. Und während ich noch mit meinem Unglauben kämpfe, höre ich bereits das Klingeln des Warnsignals.

Was passiert an dieser Kreuzung? Hier ist die kurze Antwort: Wenn der Geist in unseren Herzen wirkt, uns unsere Sünde zeigt und auf Christus weist, können wir entweder zum Kreuz laufen und in der Liebe und Vergebung unseres Vaters ruhen oder wir können uns gegen das Kreuz wehren, eigene Wege einschlagen und dabei auf unser eigenes Können und auf billigen Ersatz für unseren Retter vertrauen.

Wenn Sie und ich uns auch nur etwas ähnlich sind, brauchen wir wohl die lange Antwort.

Was heißt das – ruhen? Und wie führt Ruhe zu Wiederherstellung? Ehrlich gesagt, bin ich mir nicht sicher, ob ich darauf eine gute Antwort habe. Das ist nicht so einfach. Lange Zeit setzte ich „**ruhen**" mit „**untätig sein**" gleich, mit dem Niederlegen von Aktivitäten. Aber wenn man einmal genauer darüber nachdenkt, scheint das nicht die richtige Lösung zu sein. Im Moment würde ich sagen, „ruhen" bedeutet „aufhören, sich abzumühen". Abmühen macht mich müde – wenn ich zum Beispiel versuche, mir die Liebe des Vaters oder die meiner Mitmenschen zu verdienen. Am Ende fühlt es sich an, als hätte man einen Strick um den Hals. Abmühen führt in die Gefangenschaft, nicht in die Freiheit.

Ich mühe mich lieber ab, als zu ruhen, weil ich nicht vertraue.

Ich glaube, dass ich mich deshalb lieber abmühe – weil ich misstrauisch bin. Misstrauisch bin ich, weil ich nicht glaube, dass er mich wirklich liebt. Und ich glaube nicht wirklich, dass er mich liebt, weil mir meine persönlichen Erfahrungen etwas anderes vorgaukeln. Ich bekomme oft nicht meinen Willen. Die traurige Realität ist, dass meine Erfahrungen und meine Wahrnehmung höhere Priorität genießen als das, was Gott über mich, meine Umstände und über sich selbst sagt.

Der Grund, weshalb ich nicht in seiner Liebe ruhe, ist der, dass ich seiner Liebe misstraue. Wenn ich ihm erlaube, mich zu lieben, und ihm das Steuer in die Hand gebe, mache ich mich angreifbar. Ich fühle mich sicherer, wenn ich die Fäden in der Hand halte und meinen kleinen Mikrokosmos selbst manage. Merken Sie, wie paradox das klingt? Es erinnert mich an die Tochter meiner Freundin Kelly, die lieber Ananas aus der Dose als ihr Lieblingsgericht aß. *„Nein, Gott, brauche ich nicht. Hab was Besseres.“*

Wie also hört man auf, Widerstand zu leisten, und fängt an zu ruhen? Es läuft wieder auf Buße und Glauben hinaus: Ich muss Buße tun wegen der Lügen, die ich glaube und die mich daran hindern, in ihm zu ruhen. Diese Lügen müssen durch die Wahrheit ersetzt werden. Umkehren und vertrauen.

> Ich fühle mich sicherer, wenn ich meinen kleinen Mikrokosmos selbst manage.

Ich weiß, dass jeder von uns gegen andere Lügen ankämpft, aber in meinem Leben sind folgende Lügen über Gott mein Verderben:

- Er hat nicht alles in der Hand.
- Er kennt mich nicht.
- Er hat mich verlassen.
- Er hat nicht das Beste für mich im Sinn (zumindest nicht, das, was ich für das Beste halte).
- Er liebt mich nicht.

Es läuft darauf hinaus, dass wir die Wahrheit über Gott mit Lügen vertauscht haben. Diese Lügen hindern uns daran, in ihm zur Ruhe zu kommen.

Verändernde Wahrheit

Als Kind lebte ich mit meiner Familie in Übersee. Ich freute mich immer sehr, wenn uns jemand den J.-C.-Penney-Katalog schickte. Am liebsten sah ich mir die Seiten mit den Schlafzimmern an. Sie wissen schon, diese Räume, in denen alles aufeinander abgestimmt ist und in denen sich ein und dasselbe Muster in den Vorhängen, dem Teppich, der Tapete, Bettwäsche usw. findet. Am meisten beeindruckten mich Himmelbetten. Ich träumte von einem eigenen Himmelbett. Meiner Fantasie half es nicht gerade, dass wir in Europa lebten und jede Burg und jedes Schloss, die wir besichtigten, mit märchenhaften Prunkbetten ausgestattet waren.

Weil viele als Kind von so einem Himmelbett geträumt haben, möchte ich dieses Bild benutzen, um zu illustrieren, was es heißt, in der Liebe des Vaters zu ruhen. Meistens wird der Baldachin eines Himmelbetts von vier Pfosten getragen. Jeder dieser Pfosten soll eine Wahrheit illustrieren, die wir verstehen und der wir glauben müssen. So werden wir keinen Widerstand mehr leisten, sondern in Gott ruhen. Unter der jeweiligen Wahrheit finden Sie Bibelverse, die uns diese Wahrheiten näher bringen sollen:

Gott ist allmächtig

(Apostelgeschichte 17,26; Psalm 139,14–16; Philipper 2,12–13; Psalm 115,3 und Psalm 22)

Diese Wahrheit macht uns ganz schön zu schaffen, oder? Vor allem deshalb, weil sie so viele Fragen aufwirft. In gewisser Weise werden wir diese Wahrheit nie vollkommen verstehen, und wir müssen uns mit der Spannung abfinden, die durch sie erzeugt wird. Aber sie muss uns wirklich in Fleisch und Blut übergegangen sein, wenn wir mit einer neuen Perspektive leben wollen.

Gott kennt mich

(1. Mose 16, Psalm 103,14; Psalm 139 und Jesaja 49,15–17)

Er kennt mich durch und durch, er sieht mich, er kennt meinen Namen und er kennt mein Herz. Die Erzählung von Hagar in der Wüste und das Gespräch von Jesus mit der Frau am Brunnen zeigen uns ein wenig, wie gut er uns kennt und wie sehr er uns liebt.

Gott wird mich nie verlassen

(Josua 1,5; 5. Mose 31,8; Hebräer 13,5–7 und Johannes 14,18–27)

Er kennt uns nicht nur durch und durch, er verspricht uns auch, immer bei uns zu sein. Selbst als man ihn bezichtigte, seine Kinder vergessen zu haben, reagierte er gnädig und antwortete: „Siehe, in meine beiden Handflächen habe ich dich eingezeichnet. Deine Mauern sind beständig vor mir" (Jesaja 49,14–16).

Gott handelt für mich zum Guten und zu seiner Verherrlichung.
(Philipper 2,12–14; Römer 8,28–29; 1. Petrus 1,7; Epheser 1,11–12; Jeremia 29,11 und Jesaja 55,9–11)
Das ist auch wieder so ein Problem. Wie definieren Sie „gut"? Normalerweise finden wir „gut", was uns glücklich macht, uns umsorgt, segnet usw. Aber Gottes Definition von „gut" ist anders. Er bezeichnet etwas als gut, wenn es zu seiner Verherrlichung beiträgt. Autsch. Dieser Unterschied verändert die Spielregeln.

Diese vier Wahrheiten reichen nicht aus, um mir das Ruhen schmackhaft zu machen. Ich würde sogar behaupten, dass man ziemlich dumm wäre, sich auf sein Himmelbett fallen zu lassen und auszuruhen, wenn man nur diese vier biblischen Tatsachen kennt. Bevor wir nicht absolut davon überzeugt sind, dass er uns liebt, ist es das Risiko nicht wert. Seine Liebe muss diese vier Pfosten miteinander verbinden, denn ohne diese Liebe wäre er ein Kontrollfreak, Stalker und Narzisst, von dem ich mich lieber fernhalten sollte. Wenn er mich nicht lieben würde, dann wollte ich ihm überhaupt nicht die Gewalt über mein Leben überlassen. Wenn er mich nicht lieben würde, dann wollte ich überhaupt nicht, dass er mich durch und durch kennt. Wenn er mich nicht lieben würde, dann wollte ich überhaupt nicht, dass er immer bei mir ist.

Viele von uns sind in ihrem Leben bereits auf Menschen getroffen, die sie anfangs geliebt, dann aber sehr verletzt haben. Wer diese Erfahrung gemacht hat, dem fällt es oft schwer, sich Gott und seiner Liebe anzuvertrauen.

Man könnte also sagen, dass die Wahrheit „Gott liebt mich“ der Baldachin ist, der über dieses Bett gespannt wurde. Ich behaupte sogar, dies ist die wichtigste Wahrheit von allen – durch sie werden die anderen Wahrheiten tröstend statt beängstigend.

Es erinnert mich an ein Lied, das ich als Kind gerne gesungen habe und in dessen Strophe ein Vers aus dem Hohelied zitiert wird: „Ich gehöre meinem Geliebten, und mein Geliebter gehört mir“ (Das Hoheslied 6,3). Das wiederum erinnert mich an Zefanja 3,17. Dort steht: „Er freut sich über dich in Fröhlichkeit … er jauchzt über dich mit Jubel.“

Diese Art von Liebe gibt mir die Sicherheit, mich auf das riesige Himmelbett zu werfen und auszuruhen. Das ist das Einzige, was mich wirklich überzeugt. Unter diesen Voraussetzungen schenke ich ihm gerne meine Liebe und ruhe mich bereitwillig bei ihm aus.

Vielen von uns fällt es schwer, sich von Gott lieben zu lassen – für manche ist es regelrecht schmerzhaft. Wir vertrauen nicht, dass er mit dieser Liebe gut umgehen wird. Aufgrund schmerzhafter Erfahrungen erlauben wir niemandem – Gott eingeschlossen –, uns zu lieben. Wir lassen zu, dass unsere Vergangenheit höhere Priorität genießt als die Fakten, die Gott von sich offenbart.

Trotzdem hängt meine Fähigkeit, in ihm zu ruhen, direkt damit zusammen, wer er ist. Glaube ich das oder nicht? Bin ich bereit, ihm zu vertrauen? Bin ich bereit, mich von ihm lieben zu lassen? Bin ich bereit, zu glauben, dass er mein zerbrochenes Herz heilen und erlösen kann? Bin ich bereit, zu vertrauen, dass er mit meiner Liebe sorgsam umgehen wird?

Die fünf genannten Wahrheiten basieren auf Gottes Identität und seinem Charakter. Sie können alle in den oberen Teil des Kreises geschrieben werden (neben Myriaden anderer!) Erinnern Sie sich an diese fünf Fakten: *Gott ist allmächtig, Gott kennt mich, Gott wird mich nie verlassen, Gott handelt mit mir zum Guten und zu seiner Verherrlichung* und – alles überspannend – *Gott liebt mich.*

Wenn ich Sie nun fragen würde, ob Sie das glauben, würden Sie wahrscheinlich Ja sagen.

Aber nicht so schnell.

Es ist ziemlich schwer aufzudecken, was wir *wirklich* glauben. Vor allem deshalb, weil viele von uns Jahre damit verbracht haben, ihre wahren Gedanken über und Gefühle für Gott zu unterdrücken. Wir sind wütend, fühlen uns betrogen, sind eifersüchtig; aber wir erkennen nicht, dass diese Gefühle oft in Lügen über Gott wurzeln, die wir glauben.

Vor vielen Jahren bereitete ich mich auf einen Vortrag vor und sammelte dafür Aussagen von Freunden über Gott. Die Aussagen sind sehr offen und ehrlich formuliert worden. Hier sind ein paar davon:

» *Ich schreie verzweifelt zu dir, weil ich mir Freunde wünsche, die mich wirklich kennen, verstehen und mögen, aber du reagierst nicht und lässt mich allein. Du hast nicht das Beste für mich im Sinn.*

» *Gott, warum schaust du dabei zu, wie „unsere" Tochter ihr Leben ruiniert? Warum tust du nichts und hinderst sie nicht daran, diese vielen falschen Entscheidungen zu treffen? Bist du wirklich der „Vater der Vaterlosen"?*

» *Vater, warum gönnst du mir keinen Ehemann? Warum zögerst du, mir diesen Wunsch zu erfüllen oder verweigerst ihn mir gar? Bin ich zu kaputt – oder zu hässlich – oder habe ich zu viel gesündigt und es ein für alle Mal vergeigt?*

» *Du hast all die anderen Frauen mit Kindern gesegnet, aber mich nicht. Ich bin dir egal und meine Wünsche erst recht.*

» *Ich fühle mich nach all dieser Zeit immer noch schuldig. Du hast mir nicht wirklich vergeben.*

» *Ich habe dich angefleht, meine Mutter zu heilen. Du hast es aber nicht gemacht. Sie ist gestorben. Du kannst überhaupt nicht heilen.*

» *Mein Ehemann ist pornografieabhängig. Du bist nicht mächtig genug, um den Suchtkreislauf zu stoppen und unsere Ehe zu retten.*

» *Mein Ehemann hat mich wegen einer anderen Frau verlassen. Du hättest es verhindern können – hast es aber nicht getan. Wo warst du?*

- *Seit einem Jahr kämpfe ich täglich gegen die Angst, als Mutter zu versagen. Du schaffst es nicht, meine Ängste zu besiegen.*

- *Mein Cousin hat mich in meiner Kindheit missbraucht. Du hast alles mitangesehen und es nicht verhindert. Offensichtlich kannst du deine Kinder nicht vor Bösem beschützen.*

- *Du hast mich dazu gedrängt, den anderen Frauen im Hauskreis mein Herz auszuschütten. Ich habe es gemacht, aber sie haben mich nur dumm angestarrt. Du hast es gewusst und mich ins offene Messer laufen lassen!*

- *Meine 13-jährige Tochter hat keine einzige gläubige Freundin, die sie ermutigen und ihr den Rücken stärken könnte, obwohl wir uns wirklich sehr um Kontakte bemüht haben. Du wirfst sie den Wölfen zum Fraß vor.*

- *Ich brauche meine ganze Kraft, um morgens überhaupt aufzustehen. Du hast mir ein Leben „in Fülle" versprochen, aber ich habe nur ein Leben in Depressionen. Du hast gelogen.*

Wow. Diese Aussagen sind so ehrlich, dass sie wehtun. Dürfen wir so ehrlich sein? Können Sie auch in Worte fassen, wie Sie wirklich über Gott und Ihre Umstände denken?

Helfen Ihnen diese offenen Aussagen zu erkennen, wie unsere Situationsanalysen bloßlegen können, was wir wirklich über Gott denken?

Das ist sehr wichtig, weil unser Bild von Gott sich letztlich in unserer Lebensführung, in unserem Umgang mit Problemen und in unseren Zukunftsentscheidungen widerspiegelt. Was wir über Gott denken, wird sich in unserer Lebensweise widerspiegeln.

Mir ist egal, was Sie zu glauben behaupten. Ich möchte wissen, was Sie *wirklich* glauben. Und das wird eines Tages seinen Weg an die Oberfläche finden, so oder so.

Wenn sich die Lügen im Moment vor Ihnen verbergen, dann halten Sie inne und bitten Sie Gott um Hilfe. Er kann die Schichten entfernen und Ihnen zeigen, was sich wirklich darunter versteckt.

Sie können die Lügen erst durch die Fakten ersetzen, wenn Sie wissen, wo Sie irren. Ich mag den Moment der Klarheit, der in Jesaja 44 beschrieben wird: „Ist nicht Lüge in meiner Rechten?" (Jesaja 44,20).

Was wir über Gott denken, wird sich in unserer Lebensweise widerspiegeln.

Es ist erstaunlich, wie oft wir uns an Lügen klammern, bis unsere Knöchel weiß hervortreten. Das Alte Testament stellt uns eine Frau vor, die genau wusste, worum es in diesem Kampf des Glaubens geht.

Die Witwe von Zarpat ist eine meiner weiblichen Lieblingsfiguren der Bibel. Wir können ihre Geschichte in 1. Könige 17 nachlesen. Ich hoffe, Sie nehmen sich die Zeit und lesen sie einmal. Diese Frau hatte wirkliche Sorgen und Nöte. Als Witwe zog sie ihren einzigen Sohn in einem Land groß, das unter großer Dürre und Hungersnot litt. Sie war am Ende, hatte keine Hoffnung und auch kein Essen mehr. Sie sammelte das letzte Mal Holz, um ihr letztes Mahl zuzubereiten. Wenn jemand von sich behaupten kann, wie die erwähnte Raupe inmitten eines feurigen Infernos zu stecken, dann diese Frau.

Auf einmal trat Elia in ihr Leben, ein Prophet Gottes. Er hatte längere Zeit in einem vertrockneten Graben gehaust, wo er von Raben versorgt wurde. (Bestimmt roch er umwerfend!) Elia sah die Witwe Holz sammeln und bat sie um einen Bissen Brot.

Ich wünschte, man könnte sich diese Szene auf YouTube anschauen. Ich hätte gerne mal den Ausdruck auf ihrem Gesicht gesehen oder gewusst, ob sie in der Versuchung stand, ihm eins mit ihren Holzscheiten überzubraten. *Ist das dein Ernst?* Sie hatte gerade noch genug Öl und Mehl für einen einzigen Brotfladen und Elia beanspruchte diesen winzigen letzten Bissen für sich? Sie protestierte und erklärte ihm, wie ausweglos alles sei. Aber er ignorierte ihren Ärger, schaute ihr direkt ins Herz und sagte nur drei Worte: *„Fürchte dich nicht!“* Dann versprach er ihr, wenn sie ihm ein kleines Brot machte, würde sie genug Öl und Mehl haben, um auch für sich ein Brot zu backen, und außerdem würden ihr diese Dinge nie ausgehen.

Für eine Frau im Überlebensmodus ist dies der ultimative Test. Würde sie ihrer Angst erliegen? Würde sie auf ihn hören? Ihm vertrauen? Oder ihn abblitzen lassen?

Wir sind wie diese Witwe aus Z.! Wir klammern uns verzweifelt an unser Öl und Mehl und denken: *Was man sehen kann, ist besser, als was man nicht sehen kann.*

Die Witwe aus Z. ist eine mutige Frau. Wenn ich mal groß bin, will ich so sein wie sie. Sie buk Elia sein Brot. Und noch eins und noch eins. (Ich hätte gerne mal gehört, was sie in ihren nicht vorhandenen Bart murmelte, als sie ihm den ersten Brotfladen zubereitete!) Das Öl und das Mehl gingen nicht aus. Es war immer genug da.

Die Witwe von Zarpat vertraute und wurde nicht enttäuscht. Sie öffnete die Tür für Gott, damit er etwas Neues in ihrem Herzen bewirken konnte. Aber damit hörte es nicht auf. Am Ende des Kapitels wird beschrieben, wie ihr Sohn krank wurde und starb. Das kam gar nicht gut bei ihr an und in ihrem Zorn wütete sie gegen Elia und seinen Gott. Obwohl sie zornig auf Gott und Elia reagierte, wurde ihr Sohn durch ein Wunder geheilt. Indem sie das losließ, woran sie sich klammerte (Öl und Mehl) und ihr Vertrauen und ihre Hoffnung auf ein Versprechen setzte, erlebte sie den Segen des Glaubens und der Buße. Sie wurde gerettet und verkündete mutig: „Jetzt erkenne ich, dass du ein Mann Gottes bist und dass das Wort des HERRN in deinem Mund Wahrheit ist“ (1. Könige 17,24). Diese Ironie begeistert mich. Sie war keine Jüdin, aber sie legte ein Bekenntnis ab, das nicht einmal das Volk Israel hinbekommen hatte, weil es Gott den Rücken zugewendet und sich auf eigene Wege begeben hatte.

Ich bete dafür, dass wir loslassen können, woran wir uns festklammmern, und mit der Witwe von Z. bekennen:

„Jetzt erkenne ich, dass du ein Mann Gottes bist und dass das Wort des HERRN in deinem Mund Wahrheit ist."

Dann – und nur dann – können wir uns auf das große Himmelbett fallen lassen und ruhen. *Plumps!*

Nachgehakt

1. In diesem Kapitel wurden fünf Wahrheiten über Gott genannt. Welcher von ihnen können Sie am schwersten glauben? Warum?
   - Gott ist allmächtig.
   - Gott kennt mich.
   - Gott wird mich nie verlassen.
   - Gott handelt für mich zum Guten
   - und zu seiner Verherrlichung.
   - Er liebt mich.
2. Warum ist es so ungeheuer wichtig, wirklich an Gottes Liebe zu glauben, bevor man in ihm ruhen kann?
3. Die Tabelle auf Seite 137 kann Ihnen helfen, die Lügen zu entlarven, an die Sie sich klammern und die Sie davon abhalten, in ihm zu ruhen. Schreiben Sie eine der fünf Wahrheiten über Gott auf und beantworten Sie dann die Fragen in den Feldern. Füllen Sie so die ganze Tabelle aus, aber bearbeiten Sie erst die linke und dann erst die rechte Spalte. Wahrscheinlich fallen Ihnen für jedes Kästchen mehrere Beispiele ein. Wenn Sie dieses Buch

gemeinsam mit anderen durcharbeiten, schreiben Sie ruhig jedes Beispiel auf, das Ihnen zusammen einfällt. So werden Sie merken, dass es wirklich keinen Lebensbereich gibt, der nicht von Lügen über Gott überschattet ist. Wenn Sie sich Zeit für die Beantwortung der Fragen nehmen, wird Ihnen klar werden, was Sie wirklich über Gott denken und wie das Ihr Leben beeinflusst.

Schenken Sie den beiden letzten Fragen in jeder Spalte besondere Aufmerksamkeit, und versuchen Sie herauszufinden, wie sie miteinander zusammenhängen. Unser Götzendienst wird durch die Lügen ausgelöst, die wir über Gott glauben. Wenn wir zum Beispiel nicht glauben, dass Gott uns liebt, laufen wir Gefahr, Menschen zu Götzen zu erheben und uns von ihrer Anerkennung abhängig zu machen. In der zweiten Spalte lautet die letzte Frage: „Wie würde Buße aussehen?" Diese Frage können Sie nicht beantworten, ohne zuerst die in der ersten Spalte zu beantworten: „Zu welchem Götzen laufe ich?" Wenn Ihr Götze die Anerkennung anderer ist, dann sieht Buße bei Ihnen vielleicht so aus, dass Sie dies zugeben und in einer bestimmten Situation davon ablassen und sich selbst daran erinnern, warum Gott Sie als würdig befunden hat.

4. Lesen Sie 1. Könige 17 und denken Sie über die Geschichte der Witwe von Z. nach. Inwiefern inspiriert ihr Mut Sie? Wie hätten Sie gehandelt, wenn Sie an ihrer Stelle gewesen wären?

Die Wahrheit ergründen

Gott sagt, er sei Liebe	
Ich glaube nicht daran, weil …	
Wenn ich das nicht glaube …	Wenn ich das glauben würde … X
Wie beeinflusst das meine Beziehung zu anderen?	Wie würde das meine Beziehung zu anderen beeinflussen? X
Wie empfinde ich bestimmte Lebensumstände?	Wie würde ich bestimmte Lebensumstände annehmen? X
Wie beeinflusst das mein Selbstbild?	Wie würde das mein Selbstbild beeinflussen? X
Wie beeinflusst das meine Beziehung zu Gott?	Wie würde das meine Beziehung zu Gott beeinflussen? X
Zu welchen Götzen laufe ich dann?	Wie würde Buße aussehen? X

Hier nun ein Beispiel für einen ausgefüllten Fragebogen. Der Ausgangspunkt ist die Aussage, dass Gott ein liebender Gott ist.

Gott sagt, er sei ein liebender Gott	
Ich glaube nicht daran, weil … ich das Gegenteil erlebt habe, schlimme Dinge passieren	
Wenn ich das nicht glaube …	**Wenn ich das glauben würde …**
Wie beeinflusst das meine Beziehung zu anderen? Ich suche nach Liebe und Anerkennung, bin fordernd, spiele ein Versteckspiel, manipuliere.	Wie würde das meine Beziehung zu anderen beeinflussen? Ich würde weniger von anderen fordern, gnädiger und geduldiger mit anderen sein, würde riskieren andere zu lieben, echt sein.
Wie empfinde ich bestimmte Lebensumstände? Als Bestrafung, muss Dinge selbst regeln, unfair, frustrierend, hoffnungslos	Wie würde ich bestimmte Lebensumstände annehmen? Als Geschenk, als Gelegenheit, als disziplinarische Maßnahme Gottes, voller Hoffnung

Wie beeinflusst das mein Selbstbild? *Ich fühle mich nicht liebenswert, muss mich sehr anstrengen, bin unsicher, ungewiss, habe Angst, andere zu lieben, empfinde keine Zuversicht.*	Wie würde das mein Selbstbild beeinflussen? *Ich fühle mich geliebt, sicher, erkannt, akzeptiert, umsorgt, bin zuversichtlich, geborgen.*
Wie beeinflusst das meine Beziehung zu Gott? *Ich fühle mich ihm nicht nahe, will seine Liebe verdienen, bin wütend auf ihn, misstrauisch, habe Angst vor ihm, will mich verstecken und weglaufen.*	Wie würde das meine Beziehung zu Gott beeinflussen? *Sie wäre von Offenheit und Vertrauen geprägt, ich würde mich von ihm lieben lassen, mich ihm verbunden fühlen, würde gerne in seine Arme laufen.*
Zu welchen Götzen laufe ich dann? *Abhängigkeit von der Meinung anderer, Leistungsdenken, Arbeit, Kontrollsucht*	Wie würde Buße in diesem Punkt aussehen? *Die Meinung anderer wäre mir nicht mehr wichtig, ich würde in Gott ruhen, ihm vertrauen, mich nicht mehr abstrampeln.*

Wo
bin ich?

7

Der Kreislauf der Gnade in der Praxis

Wahrscheinlich haben Sie mittlerweile bemerkt, dass ich die Grafik nicht als starres Schema verstanden haben möchte, sondern dass das Konzept flexibel und anpassungsfähig ist.

Heiligung ist ein Prozess. Der Prozess, Christus ähnlicher zu werden. Ich erkenne immer deutlicher, wie groß meine Sünde ist, wie groß das Kreuz ist und wie sehr ich Jesus brauche. In diesem Prozess wächst mein Bild von der Größe Gottes, ich werde immer abhängiger von ihm und verlasse mich immer weniger auf mich selbst. Außerdem lerne ich, dass Jesus in meinem Leben an Bedeutung zunehmen muss, während ich mich nicht mehr so wichtig nehme.

Ich habe das nicht immer so gesehen. Wenn Sie mich mit 21 gefragt hätten, wie ich mir eine „gottesfürchtige Frau" vorstelle, hätte ich eine alte Dame mit grauweißem Dutt beschrieben, die alles so „im Griff" hat, dass sie Jesus eigentlich nicht mehr nötig hat. Ich hätte das wahrscheinlich nicht so formuliert, aber ich garantiere Ihnen, dieses Bild war in meinem Inneren fest verankert. Meine Mission war, diesem Bild zu entsprechen – und zwar vor allen anderen! Die herrliche Realität ist, dass ich überhaupt nicht „besser" werden kann, es sei denn, ich definiere „besser werden" als „Jesus mehr brauchen". Wenn ich begreife, wie tief die Grube tatsächlich ist, werde ich mehr und mehr begreifen, wie nötig ich einen Retter habe.

Heute schaue ich auf mein bisheriges Leben zurück und sehe, wie das Konzept von Gnade mittlerweile mein Herz ergriffen hat. Mit etwas Selbstironie erkenne ich nun, welches Lieblingslied ich in welcher Lebensphase gesungen habe. Wenn Sie mich damals hätten hören können, was hätten Sie wohl mitanhören müssen?

Vor der Pubertät trällerte ich hinter verschlossenen Türen in mein Haarbürstenmikrofon: *„I Am Woman, Hear Me Roar"* (auf Deutsch etwa: „Ich bin eine Frau, höre, wie ich wüte") von Hellen Reddy, einer Ikone der Frauenrechtsbewegung in den 60ern. Kurz vor dem Schulabschluss, nachdem ich in einigen Beziehungen Schiffbruch erlitten hatte, habe ich mein angeknackstes Selbstvertrauen mit einem bekannten Song von Matthew Wilder therapiert, in dem es immer wieder heißt *„Ain't Nothin' Gonna Break My Stride, Ain't Nothin' Gonna Slow me Down"* (sinngemäß: „Nichts und niemand kann mich stoppen"). Als Mutter von drei Kleinkindern hätten Sie mich inmitten des Chaos' aus Spielzeug und Kindertränen lauthals *„I Will Survive"* („Ich werde überleben") von Gloria Gaynor schmettern gehört. Jetzt, wo fast alle aus dem Nest ausgeflogen sind (und die

Menopause nicht mehr lange auf sich warten lässt), trällere ich ein altes, bekanntes Lied: *„I need Thee, Oh, I need Thee. Every hour I need Thee“* (auf Deutsch: „Ich brauch dich, o ich brauch dich, Jesus, ja, ich brauch dich!“.[1] Ich habe es gerade heute Morgen erst gesungen, da die Semesterferien vorbei und meine erwachsenen Kinder zurück auf dem Weg zu ihren jeweiligen Unis sind. Glauben Sie mir: Mittlerweile bin ich mir meiner Fehler schmerzlich bewusst, und ich habe erkannt, dass ich Gottes rettende und erhaltende Gnade dringender brauche denn je.

Das Konzept der Grafik ist flexibel und anpassungsfähig, weil wir uns alle in einem Prozess befinden. Das bedeutet, dass an manchen Tagen, wenn mein Glaube schwach ist und ich den Lügen auf den Leim gehe, der untere Kreis aufgeblasen und viel größer als der obere ist. Faktisch lebe ich an solchen Tagen wie ein Waisenkind.

An anderen Tagen habe ich ein zartes Gewissen, pflege meine Beziehung zu Gott und vertraue ihm; ich lebe meine wahre Identität in Christus aus. An diesen Tagen ist der obere Kreis viel größer als der untere.

Ich wünschte, ich könnte den unteren Teil der Grafik einfach ausradieren und basta! Aber die Bibel zeigt, dass der untere Kreis diesseits des Himmel immer vorhanden sein wird. Wenn wir im Glauben wachsen und seine Gnade uns heiligt, wird er kleiner werden und mein Herz wird sein Werk widerspiegeln. Bis wir mit Christus vereinigt sind und die Welt erneuert wird, wird uns unsere Sünde und Rebellion gegen Gott stets daran erinnern, dass wir einen Retter brauchen.

Die Grafik kann auch als eine Art Flussdiagramm verstanden werden. Stellen Sie es sich einmal als Animation vor, in der die Kreise in Pfeilrichtung rotieren. Was treibt uns an? Was treibt Sie zum Kreuz? Was hilft Ihnen, nahe bei Gott zu bleiben? Wie und wo wird Ihr Unglaube sichtbar? Warum gehen Sie manchmal eigene Wege? Was rettet Sie aus dieser Grube?

Gnade.

Am Anfang dieses Buches habe ich Ihnen den geistlichen Wendepunkt meines Lebens geschildert. Zwischen meinem Kopfwissen und dem Zustand meines Herzens und Alltagslebens herrschte ein riesiger Unterschied. Ich kannte das Evangelium in- und auswendig, aber ich hatte einen sehr wichtigen Faktor überhaupt nicht verstanden: Gnade. Ich hatte es einfach nicht begriffen. Und in vielerlei Hinsicht habe ich es immer noch nicht verstanden. Aber ich weiß, dass ich sie brauche – ganz dringend. Gnade ist der Herzschlag des Evangeliums. Sie gibt uns den Antrieb zum Weitermachen und bringt Leben und Heilung in unsere Herzen.

Es ist schon lustig, wie Gott manchmal in unser Leben hineinredet. Gerade als ich dieses Kapitel schrieb, postete eine Freundin ein Lied auf Facebook. Das Lied kannte ich nicht, es heißt *Grace Flows Down* und stammt von Christy Nockels.[2] Es beschreibt den Tod Christi am Kreuz. In dem Lied heißt es: „Die Gnade strömt herab und bedeckt mich." Das ist wahr. Die Gnade strömt herab – aber sie *umströmt* uns auch. Sie schiebt mich immer wieder zurück zu Jesus, egal, wo ich mich gerade befinde.

Im Evangelium schwimmen

Eine Freundin von mir erkannte, dass sie eine zu eingeschränkte Sicht von Gott hatte und keine Begeisterung für ihren Glauben mehr empfand. Nun fragte sie mich, was sie tun könnte, um ihre Sichtweise von Gott zu ändern. Eine sehr gute Frage.

Ich denke, die Antwort ist, dass man im Strom des Evangeliums schwimmen muss. Die Wahrheit des Evangeliums umgibt uns überall. Wir müssen nur die Augen aufmachen. Ich schlug ihr vor, sie solle von nun an alles Positive über Gott aufschreiben. Entdeckungen und Erfahrungen, die sie Gott in einem neuen Licht sehen ließen. Das war wichtig, weil ihr Gottesbild nicht auf der Bibel beruhte, sondern von persönlichen Sorgen und ihrer Vergangenheit beeinflusst worden war. Man kann die Gnade überall entdecken. Vielleicht werden Sie durch ein lehrreiches Buch auf das Evangelium verwiesen oder durch einen guten Film, einen Sonnenuntergang, die schöne Aussicht von einem Berggipfel oder durch ein Lied. Das Echo der Erlösung kann überall vernommen werden, aber die Hauptquelle für alle Wahrheiten über Gott ist sein Wort, die Bibel.

Als Gott in mir ein neues Werk begann, markierte ich mir wichtige Verse in meiner Bibel. Wenn ich zum Beispiel einen Vers las, in dem es um Götzendienst ging, schrieb ich ein „I“ für „ich“ an den Rand. Ich schrieb „J“ wie Jesus an den Rand, wenn es zum Beispiel um Rechtfertigung ging, und „A“ wie Adoption, wenn es um meine Kindschaft ging. Das half mir, ganz neu an meine Bibellese heranzugehen, denn ich war viel wacher und aufmerksamer in meiner Stillen Zeit und konzentrierte mich darauf, Neues über das Evangelium zu lernen.

In der Gemeinde saß ich mit einer ganz anderen Erwartungshaltung. Ich achtete auf das, was ich sang, und hielt mich an Liedern fest, die mich aufs Evangelium hinwiesen. Und als schließlich die Idee der grafischen Acht in mir heranwuchs, sah ich Merkmale davon in der Schrift, zum Beispiel in Psalm 40.

Außerdem waren mir gute Freunde in meinem geistlichen Wachstumsprozess eine große Hilfe, und das wird bei Ihnen genauso sein. Wir sind nicht dazu gemacht, ein Leben in Isolation zu führen. So verlockend der Wunsch vielleicht sein mag, sich in sein Schneckenhaus zurückzuziehen, wir brauchen einander. Wir brauchen Menschen in unserem Leben, die bereit sind, uns die Wahrheit zu sagen. Sie brauchen Freunde, die Sie an das Evangelium erinnern und Sie zurück zum Kreuz bringen, wenn Sie vergessen, wie sehr Sie geliebt werden. Manchmal müssen Ihre Freunde für Ihren Glauben kämpfen, wenn Sie nicht mehr können. Sie brauchen Freunde, die Sie zurück zum Kreuz ziehen.

In einem Blog des Künstlers Kevin Marks habe ich einen Eintrag gelesen. Fast wäre ich aufgesprungen und hätte laut „Jawohl!“ gerufen! In diesem Post schreibt Marks über die lebensrettende Wahrheit von Gemeinschaft: „Bonhoeffer sagte, wenn Christus einen Mann beruft, er ihn zu sterben geheißt. Er hat nie gesagt, dass da nicht auch Brüder und Schwestern wären, die mit Freuden heruntergreifen, um den langen, schwierigen Weg aus dem Grab zu meistern helfen.“[4] Ich finde dieses Zitat so herrlich, weil ich mir das bildlich vorstellen kann. Ich sehe mich selbst am Boden des unteren Kreises der Acht, doch dann kommen Freunde und strecken mir ihre Hände entgegen. Sie packen mir unter die Arme und helfen mir auf dem schwierigen Teil des Weges der Selbstaufgabe.

Sie brauchen Freunde, die Sie zurück zum Kreuz bringen, wenn Sie vergessen, wie sehr Sie geliebt werden.

Ich habe das bereits miterlebt. Die Ehe einer Freundin geriet in eine schreckliche Krise. Als ihr Leben an einem Tiefpunkt war, erzählte sie uns, ihren Freunden, dass wir für sie wie Pfeiler wären, die ihr Leben in den dunklen Tagen abstützten. Und wir wären sogar weiche, gepolsterte Pfeiler, an die sie sich anlehnen dürfte, wenn sie selbst noch nicht einmal die Kraft zu stehen hätte. Sie müssen nicht allein auf Ihrem Weg gehen; bitten Sie andere, mit Ihnen zu laufen, wenn Ihr Glaubensweg zum Kampf geworden ist.

Durch welches Gewässer schwimmen Sie? Haben Sie Angst vor dem Ertrinken? Ist das Wasser so kalt, dass sich bereits alles taub anfühlt? Sind Sie müde und entmutigt? Denken Sie, Sie schwimmen allein? Darf ich so frei sein, Ihnen vorzuschlagen, dass Sie sich in anderes Gewässer begeben sollten?

Tauchen Sie ein in die Wärme des Stroms des Evangeliums, und Sie werden auch sagen können, was der Schreiber des Hebräerbriefs sagte: „Es ist gut, dass das Herz durch Gnade gefestigt wird“ (Hebräer 13,9).

Der Zweck unserer Adoption

Seit dem Sündenfall haben wir alle etwas gemeinsam: Wir beurteilen alles mit Blick darauf, welche Auswirkungen es auf uns hat. Es ist wirklich leicht zu denken, alles drehe sich immer um mich. In unserer Kultur ist man von Individualität regelrecht besessen. Dazu gehören auch *unsere* Kinder, *unser* Beruf, *unsere* Familien und *unser* Dienst. Aber wir schätzen das Evangelium und den Zweck unserer Errettung völlig falsch ein, wenn wir denken, es ginge dabei um uns. Wir genießen zwar die Vorzüge und den Segen des Evangeliums, aber es geht ganz bestimmt nicht um uns!

Im Alten Testament gibt es einen Ausspruch, der dort wie ein roter Faden überall auftaucht. Die Formulierung kann variieren, aber die Kernaussage bleibt: „Dann werden sie begreifen, dass ich der Herr bin."

Das trifft den Nagel ziemlich genau auf den Kopf. Der Sinn und Zweck unserer Errettung und Adoption ist, dass wir andere dadurch auf Christus hinweisen. John Piper erinnert uns daran, „Jesus großzumachen". Steve Brown ermutigt uns, „den Wohlgeruch Jesu anzunehmen". Unterm

Strich sollen wir so leben, dass Gott verherrlicht wird, wir glückselig sind und andere zu ihm gezogen werden.

Philipper 2,15 ermutigt uns, wie Sterne im Weltall zu glänzen. In Epheser 1,12–14 wird dies so formuliert:

Damit wir zum Preise seiner Herrlichkeit seien, *die wir vorher schon auf den Christus gehofft haben. In ihm seid auch ihr, nachdem ihr das Wort der Wahrheit, das Evangelium eures Heils, gehört habt und gläubig geworden seid, versiegelt worden mit dem Heiligen Geist der Verheißung. Der ist die Anzahlung auf unser Erbe auf die Erlösung seines Eigentums* zum Preise seiner Herrlichkeit.
(Hervorhebungen hinzugefügt)

Sobald unsere Herzen durch den Glauben wachsen – was das wahre Wunder unserer Errettung und der Segen unserer Adoption ist –, können wir nicht anders; wir müssen darauf reagieren. Wir reagieren durch erneuerte Anbetung, erneuerten Dienst und erneuerte Freude – alles zum Preise seiner Herrlichkeit, nicht unserer.

Ich finde es interessant, dass manche Menschen Angst davor haben, dass ein Verständnis des Evangeliums der Gnade zu geistlicher Trägheit und Lähmung führen könnte. Mir wurde gesagt, dass dieses Buch gefährlich sei, weil es „zu viel Gnade“ enthalte. Ist das überhaupt möglich – „zu viel Gnade“? Kann es zu viel geben, solange wir doch ein wahres Bild der Gnade darstellen? Stehen wir nicht viel eher in der Gefahr geistlicher Ambivalenz, die durch eine Geringschätzung von Gnade und dem Evangelium entsteht? Kann man Gnade zu stark betonen?

Je mehr ich begreife, was Gnade bedeutet, und von ihr durchtränkt werde, desto besser wird mein Leben den Vater widerspiegeln, der mich liebt, und den Heiland, der mich errettet hat. Es gefällt mir, wie Elyse Fitzpatrick diese Spannung formuliert: „Ihr Wachstum in Heiligkeit ist eng verbunden mit Ihrer Wertschätzung des Evangeliums und der Liebe Gottes. Nur durch die Wertschätzung seiner Liebe kann echter Gehorsam entstehen.“[5] Paulus erklärte das gleiche Prinzip mit anderen Worten, als er in Römer 1,5 die Menschen der Nationen zum „Glaubensgehorsam“ rief, also zum Gehorsam, der dem Glauben entspringt. Unser Glaube an das, was Gott getan hat, wird zu einem veränderten Leben führen, das von Anbetung und Dienst geprägt ist. Wenn dies aber nicht aus einem Verständnis des Evangeliums der Gnade entspringt, dann wird unser Dienst ein steriles Werk sein, das zum geistlichen Burnout und zur Enttäuschung führt.

Einmal hielt ich einen Vortrag über das Konzept meiner Grafik. Nachher bekannte mir eine Dame, dass sie sich selbst in der Tretmühle des unteren Kreises befand und wie ein geistliches Waisenkind lebte, obwohl sie eigentlich ein Kind Gottes sei. Sie hatte Zweifel und war apathisch geworden, hatte kein Interesse mehr daran, das Evangelium weiterzusagen. Sie fragte: „Warum sollte ich jemanden zu diesem Leben einladen? So ein Leben kann ich doch niemandem zumuten.“

Was für eine Einsicht! Und sie führt zu einer weiteren wichtigen Frage: „Wozu laden Sie ein? Wenn Sie ein eingeschränktes Gottesbild haben und wie ein geistliches Waisenkind leben, dann gibt es nicht viel, worüber Sie sich ehrlich freuen, richtig? Aber wenn Sie wie ein Kind Gottes leben, weil Gott Ihr Herz ergriffen hat, Sie von seiner Heiligkeit entwaffnet werden und von seiner Gnade in Demut ergriffen sind, dann ist das ein Grund zum Feiern und ein Leben, zu dem man auch gerne andere einlädt.

Darf ich Ihnen verraten, welcher Teil der Grafik mir am besten gefällt? Es ist das Bild von der Person mit den Luftballons. Dieses Bild spricht Bände: Freiheit. Freude. Friede. Es ist das Bild eines Menschen, der mit einem Herzen voller Glauben lebt. Und es ist eine **Einladung** – an Sie und andere. Kommen Sie mit!

An meinem Küchenfenster hängt ein ein hübsches kleines Schild, das mir eine liebe Freundin geschenkt hat, bevor sie nach Südafrika zog. Darauf steht: „Der HERR hat Großes an uns getan: Wir waren fröhlich!“ (Psalm 126,3). Dieser Vers erinnert mich daran, dass ich geschmeckt und gesehen habe. Ich habe Gottes Gnade geschmeckt und erlebt, wie sie ihren Weg in mein Herz gefunden hat.

Als ich heute das Geschirr spülen wollte, griff ich nach meinem Spüllappen, der über dem Spülbeckenrand hing. Er war ganz ausgetrocknet. Ich hätte ihn aufrecht hinstellen können; er war hart wie ein Brett. Ich will lieber nicht wissen, was sich da in dem Gewebe festgesetzt hatte.

Das erinnert mich daran, wie mein Herz aussieht, wenn es ausgepowert und verhärtet ist. Als ich Wasser über den Lappen laufen ließ, wurde er sofort wieder weich und biegsam. Ein bisschen Wasser änderte alles. Selbst wenn ich das Wasser nur tröpfchenweise über den Lappen hätte laufen lassen, wäre dieser irgendwann voll gewesen. Das Evangelium ist genauso. Manchmal wirkt es wie ein Wasserstrahl, durchtränkt uns in Sekunden und fesselt unsere Aufmerksamkeit. Ein anderes Mal zieht ein stetes, langsames Tropfen uns zurück in Gottes Nähe.

Diese kleinen „Tropfen" der Gnade erinnern mich an mich selbst, wenn ich Heißhunger auf Süßes habe. Meistens suche ich etwas ganz Bestimmtes. Manche Leute würden dann vielleicht eine ganze Tüte Smarties verputzen, aber ich bin da genügsamer. Ich habe zwar meistens auch Lust auf Schokolade, aber ich brauche keine ganze Tüte. Ich brauche nur den Geschmack. Nur ein bisschen.

Vielleicht erscheint Ihnen dieser Vergleich etwas albern, aber ich kann die vielen Male kaum aufzählen, wo nur der Geschmack, nur ein Tropfen seiner Gnade genug war, um mein aufgewühltes Herz zu beruhigen und mein Denken wieder in die richtige Richtung zu lenken.

Der Psalmist schreibt: „Schmecket und sehet, dass der HERR gütig ist! Glücklich der Mann, der sich bei ihm birgt!" (Psalm 34,9).

Bergen Sie sich in seiner Liebe. Lassen Sie sich vom Evangelium durchdringen – selbst wenn es nur tröpfchenweise ist! Lassen Sie sich von seiner Gnade den Durst löschen, und dann sagen Sie es den Menschen in Ihrer Umgebung weiter!

Auch sie haben Durst nach Gnade, es ist ihnen möglicherweise nur nicht bewusst. Noch nicht.

Nachgehakt

1. Nehmen Sie sich etwas Zeit und markieren Sie in der Grafik die Position, an der Sie sich gerade befinden. Seien Sie ehrlich zu sich selbst! Welcher der beiden Kreise müsste bei Ihnen größer gezeichnet werden?
2. Welche Lieder hätten Sie in den verschiedenen Phasen Ihres Lebens gesungen?
3. Wie weckt Gott bei Ihnen das Interesse für die Schönheit des Evangeliums?
4. Gehen Sie einen Schritt zurück, und bewerten Sie ehrlich, in welchem Gewässer Sie momentan schwimmen. Worin Sie „schwimmen", zeigt, wonach es Sie „dürstet".
5. Müssen Sie etwas in Ihrem Leben ändern, damit Sie mehr von seiner Gnade erleben können?
6. Wenn Ihnen durch das Lesen dieses Buches klar geworden ist, dass Sie eine eingeschränkte Sicht von Gott, von Ihrer Sünde oder von dem Evangelium haben, dann versuchen Sie, bewusst wahrzunehmen, wo Gott Ihnen an jedem Tag Ihres Lebens seine Gnade zukommen lässt. Notieren Sie es sich.

7. Bitten Sie Gott, Ihnen zu zeigen, wie er Sie in Ihrer aktuellen Situation gebrauchen kann, um seinen Namen zu verherrlichen und andere einzuladen, eine Beziehung zu ihm einzugehen.

Die Grafik selbst zeichnen

Nachdem Sie die Grafik jetzt gut kennengelernt haben, ist es an der Zeit, sie selbst zu zeichnen. Ich erwarte nicht, dass Sie jedes Detail nachmalen können. Sie können die vereinfachte Version zeichnen, die ich auch meine Zuhörerinnen bei meinen Vorträgen aufmalen lasse. Sie ist wirklich leicht zu erstellen. Ich habe sie schon auf Kassenbons und auf Servietten von Restaurants gezeichnet.

Es ist auch nicht so wichtig, ob Ihre und meine Zeichnung am Ende gleich aussehen. Wenn Sie aber lernen möchten, wie man die in diesem Buch vorgestellte Grafik zeichnet, demonstriere ich Ihnen gerne eine leichte Vorgehensweise.

KIND GOTTES

Innige Gemeinschaft mit Gott

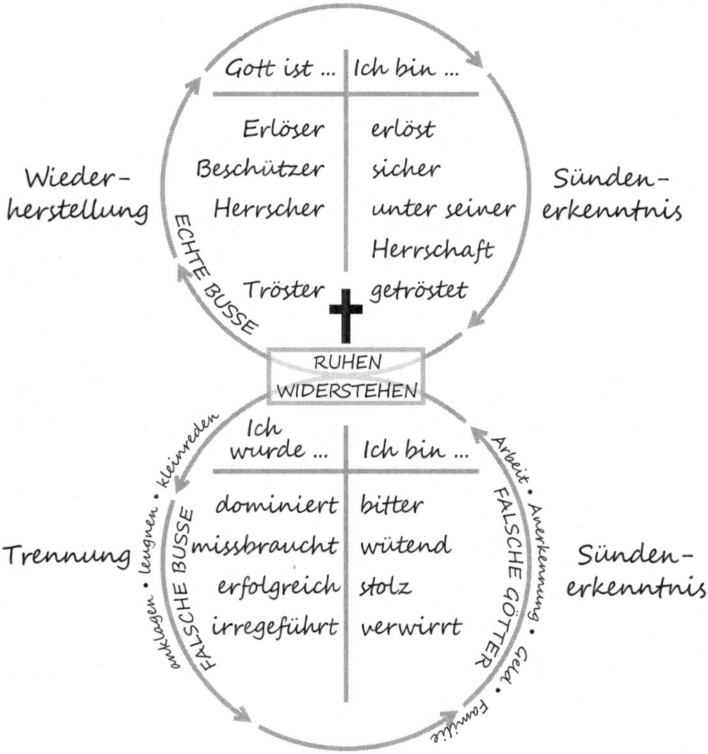

WAISE

isoliert von Gott

» Zeichnen Sie die Acht und fügen Sie die Richtungspfeile und das kleine dunkle Kreuz am Boden des oberen Kreises hinzu.

» Beschriften Sie den oberen Kreis mit „Kind Gottes“ und den unteren mit „Waise“ wie im Beispiel auf der vorherigen Seite.

» Schreiben Sie „Sündenerkenntnis“, „Wiederherstellung“ und „Trennung“ an die entsprechenden Stellen.

» Nun beschriften Sie den unteren Kreis auf der linken Innenseite mit „falsche Buße“. Schreiben Sie Beispiele aus Ihrem Leben auf den äußeren linken Rand.

» Beschriften Sie den unteren Kreis auf der rechten Innenseite mit „Götzen“. Schreiben Sie Beispiele aus Ihrem Leben auf den äußeren rechten Rand.

» Beschriften Sie nun das Innere des oberen Kreis. Denken Sie über unsere Identität in Christus nach. Sie können alle Attribute Gottes aufzählen, die Ihnen einfallen. Sie müssen nicht unbedingt die nehmen, die ich in meinem Beispiel verwendet habe. Sie können außer den Eigenschaften Gottes auch andere das Evangelium betreffende Wahrheiten einfügen, die sich in der Bibel finden.

» Beschriften Sie das Innere des unteren Kreises. Denken Sie über unsere Identität als geistliche Waisen nach. Diese Aufzählung ist nicht begrenzt. Wählen Sie die Dinge aus, die in Ihrem eigenen geistlichen Werdegang eine Rolle gespielt haben und spielen. Oder wählen Sie Beispiele aus, die für denjenigen von Bedeutung sein könnten, dem Sie diese Grafik zeigen möchten. Sie sollten bei dieser Aufzählung aber nicht nur Negatives aufzählen. Zum Beispiel empfinden wir Eigenschaften wie „kompetent“ oder „selbstständig“ oft als positiv (und das stimmt auch meistens), aber sie sind nicht hilfreich, wenn man als geistliches Waisenkind lebt. Führen Sie also ruhig auch positive Eigenschaften auf.

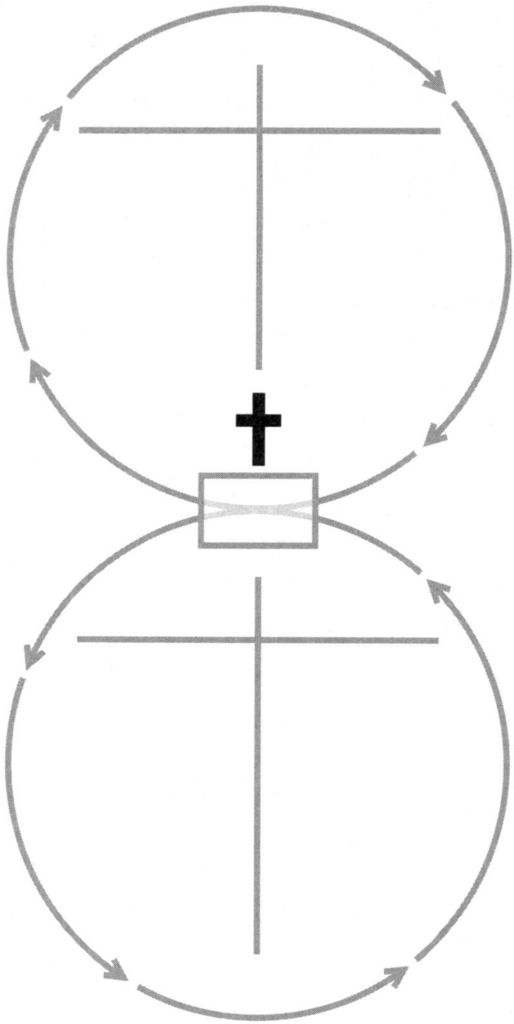

Das Einzige, was beim Zeichnen vielleicht schwierig sein könnte, ist, sich an alles zu erinnern. Also sollten Sie es üben, damit Sie es können, wenn Gott Ihnen dafür eine Gelegenheit schenkt. Wie, habe ich Ihnen bereits erklärt. Sie sollten auch üben, wie Sie es erklären – am besten, indem sie es laut aussprechen.

Kurz nachdem meine Freundin Deb diese Grafik kennengelernt hatte, traf sie sich mit einer Freundin zum Mittagessen. Diese Frau war an Brustkrebs erkrankt. In ihrem Gespräch merkte Deb, dass die Krebsdiagnose wie ein Tsunami über das Selbstbild ihrer Freundin hereingebrochen war. Daraufhin erklärte Deb ihr das Konzept der Acht. Eine Woche später las sie folgenden Eintrag auf dem Blog ihrer Freundin, der den Namen *Pilgrims Pathway – Our Journey Together with Him* (etwa: Die Pilgerreise – unsere gemeinsamer Weg mit ihm) trägt.

> *Debs Malunterricht hat mir bei folgender Entscheidung geholfen: Ich will das Leben eines Gotteskindes führen, denn genau das bin ich. Ich bin kein geistliches Waisenkind. Er ist der, der mir vergibt. Ich bekenne ihm meine Sünde und er vergibt mir. Er ist mein Erlöser. Ich wurde durch das Blut des Lammes erlöst. Er ist mein Retter. Ich wurde durch einen einfachen Glaubensschritt gerettet. Er ist mein Befreier. Ich stecke nicht mehr in den Fesseln der Sünde … er hat mich vom ewigen Tod, der Trennung von ihm, befreit … er hat mich von Angst*

und Zweifeln befreit. Er ist mein Versorger und ich werde täglich von ihm mit allem gut versorgt. Er ist mein Verteidiger. Ich werde von ihm verteidigt. Er liebt mich. Ich werde mit einer ewigen Liebe geliebt. Er ist der gute Arzt. Ich kann vertrauen, dass er mich heilt, wenn das das Beste für mich ist. (O Herr, ist es das Beste, wenn du mich vom Krebs heilst? Von diesem unsichtbaren Taubheitsgefühl in meinem Arm, den unangenehmen Nebenwirkungen und den unwiderruflichen Schäden der Chemo? Ich wünschte wirklich, dass Heilung dein Bestes für mich ist. Dafür bete ich. Bitte hilf mir, dir zu vertrauen und in dir und deinem Willen zu ruhen, egal, was noch passieren wird.) Ich weiß, dass ich im Himmel vollkommen geheilt sein und einen neuen Leib bekommen werde. Ich weiß, dass ich Gott dort ewig anbeten werde. Ich bin mir nur nicht so sicher über das Hier und Jetzt auf der Erde. Aber aufgrund meiner Stellung in Christus muss ich nicht als „Waisenkind" leben. Ich muss mich nicht in Bitterkeit oder Einsamkeit suhlen. Ich muss auch nicht alles im Griff haben. Ich brauche keine Angst und keine Zweifel zu haben. Ich muss nicht die Schuld bei anderen suchen oder wütend sein oder irgendetwas in der Art. Gott hat etwas viel Besseres für mich im Sinn. Danke, Herr, und danke, Deb, für deinen „Malunterricht", der mir das gezeigt hat!

Was für ein tolles Zeugnis dessen, wie Gottes Wahrheit und Gnade in die Risse unseres Herzens sickern kann und Heilung bringt! Und das nur weil Deb in Gnade und Wahrheit mit einer Freundin mit realen Sorgen gesprochen hat. Sie sollten nicht überrascht sein, wenn Gott Ihnen jemanden zeigt, der die Wahrheit der Gnade Gottes hören muss, die Sie vielleicht selbst gerade erst gelernt haben. Seien Sie nicht ängstlich, sondern kritzeln Sie drauflos, denn Sie werden bestimmt ein Stück Papier in Reichweite haben! Und dann staunen Sie darüber, während Gott etwas tut, das nur Gott tun kann!

Wie man ein neues Leben bekommt

Wenn Sie durch dieses Buch das erste Mal über Jesus nachgedacht haben, dann würde ich Ihnen gerne zeigen, wie der nächste Schritt aussehen könnte. Vielleicht haben Sie das Gefühl, dass Sie sich immer nur im unteren Kreis der Grafik drehen und dass das niemanden wirklich interessiert. Aber es gibt Hoffnung. Die Lösung liegt darin, eine Beziehung zu Jesus Christus einzugehen. Dazu müssen Sie einmal gründlich in den Spiegel schauen und erkennen, in welch kaputtem und dreckigem Zustand Ihr Herz wirklich ist. Und dann schauen Sie auf das Kreuz.

Der Glaube an Christus beinhaltet drei Dinge: eingestehen, glauben und bekennen.

Gestehen Sie ein, dass Sie ein Sünder sind. Das ist viel mehr, als zuzugeben, dass Sie sündigen. Ein Sünder zu sein heißt, dass das ganze Herz verdorben ist und Ihr ganzes Wesen in Mitleidenschaft zieht. Dieser Zustand trennt Sie von Gott. Er ist heilig und hasst Sünde. Darum musste er seinen einzigen Sohn bestrafen. Jemand musste für Ihre Sünde zahlen.

Glauben Sie, dass es ohne Christus keine Lösung, keine Vergebung und keinen Frieden gibt. Glauben Sie, dass Christus für Ihre Sünden starb und dass er Ihre Weste nicht nur durch seinen Tod am Kreuz reinwaschen kann, sondern dass er Ihnen seine eigene saubere Weste überzieht! Gott wird Sie nicht richten, obwohl Sie einiges falsch gemacht haben. Stattdessen wird er Sie gerechtsprechen. Das heißt, Sie sind in seinen Augen genauso gerecht wie Jesus, der ein perfektes und sündloses Leben führte. Wenn Sie ihm vertrauen und ihn bitten, Ihnen Ihre Sünden wegzunehmen, dann werden Sie mit der Herrlichkeit und Vollkommenheit Christi bekleidet werden.

Bekennen Sie, dass Sie einen Retter brauchen, und bitten Sie Gott um Vergebung. Vertrauen Sie Christus, dass er Sie befreit. Schauen Sie darauf, was Jesus am Kreuz für Sie getan hat. Gott wird Ihnen vergeben und Sie als sein Kind annehmen.

Das ist die Pforte des Evangeliums. Wenn Sie diese Schritte vollzogen haben, dann heiße ich Sie herzlich willkommen in der Familie Gottes! Sie haben eine Beziehung zu Gott begonnen. Vor Ihnen liegt eine wunderbare Reise, die Sie gemeinsam mit Gott erleben werden. Er wird bei Ihnen sein und mit Ihnen durch Höhen und Tiefen gehen. Für Sie gilt nun jedes von Gott ausgesprochene Versprechen, jede von ihm verheißene Wahrheit und jede geistliche Segnung. Als sein Kind haben Sie eine neue Identität bekommen und Sie werden auf ewig zu seiner Familie gehören. Nichts kann Sie von der Liebe Gottes trennen.

Wenn Sie diese Beziehung mit Gott angefangen haben, dann sollten Sie sich mit Leuten umgeben, die Sie auf diesem neuen Lebensweg ermutigen und Ihnen weiterhelfen können. Suchen Sie sich eine Gemeinschaft aus Gläubigen, in der Sie in Ihrem neuen Glauben wachsen können. Genießen Sie die Segnungen Ihrer Adoption und erinnern Sie sich immer wieder an das Evangelium! Auch wenn Sie weiterhin sündigen und mit Zweifeln oder Unglauben zu kämpfen haben, erinnern Sie sich daran, dass die Lösung noch immer die gleiche ist: Laufen Sie zum Kreuz. Das ändert alles!

Gruppenmaterial

Es gibt mehrere Möglichkeiten, wie man dieses Buch mit einer Kleingruppe, einem Hauskreis oder in einer Jüngerschaftsbeziehung bearbeiten kann.

Normalerweise sieht das so aus, dass die Gruppenmitglieder zu Hause einen Abschnitt durchlesen und vorbereiten. Dann trifft man sich und tauscht sich über das Gelesene aus, insbesondere über den Abschnitt *Nachgehakt.*

Alternativ kann man das Buch auch abschnittsweise gemeinsam lesen – laut oder leise. Es gibt viele kurze Absätze, die man in einigen Minuten durchgelesen hat. Der Vorteil bei dieser Methode besteht darin, dass jeder sprichwörtlich „auf der gleichen Seite“ und vorbereitet ist. Dann kann man über den Abschnitt sprechen und die Fragen aus dem Teil *Nachgehakt* ebenfalls gemeinsam durcharbeiten.

Vielleicht gibt es aber auch solche, die das Material lieber als eine Art Sprungbrett nehmen wollen und eine eigene Bibelarbeit anfertigen möchten. Selbstverständlich kann man jedes der im Buch angesprochenen Themen weiter ausbauen. Vergessen Sie nicht, dass das Buch weitere Gespräche in Gang setzen soll! Sie können die Themen also gerne mit eigenen Beispielen, weiteren Bibelversen oder Grafiken ergänzen.

Die Fragen am Ende jedes Kapitels sollen nur eine Gesprächsgrundlage sein. Ich habe wahrscheinlich mehr Fragen gestellt, als man während eines Treffens behandeln kann. Als Gruppenleiter können Sie auch gerne ein paar Fragen, die für Ihre Teilnehmer eventuell nicht so relevant sind, weglassen. Wer sich nicht vor englischsprachigem Material fürchtet, findet auf *www.craving-grace.org* weitere Informationen, Videos und Blankotabellen. Es gibt auch eine Facebook-Seite namens *CravingGraceLikeChocolate*.

Wie auch immer Sie als Gruppe an dieses Buch herangehen möchten, ich bete dafür, dass es Ihnen helfen wird, den Reichtum des Evangeliums zu entdecken.

Anmerkungen

Vorwort: Warum dieses Buch?

1 Bridges, Jerry: „The Pursuit of Holiness: An Interview". *Tabletalk Magazine*. Ligonier Ministries und R. C. Sproul. www.ligonier.org.

2 „Come, Thou Fount of Every Blessing". Geschrieben v. Robert Robinson, 1757.

1 Ein kurzer Überblick

1 Ich möchte erwähnen, dass ich den Begriff „Waise" oder „Waisenkind" nicht als Abwertung der Menschen verstanden haben möchte, die tatsächlich ihre Eltern verloren haben. Auch möchte ich das nicht schmälern. Ich fasse diesen Begriff als Metapher für Leute auf, die ohne Gott leben und Hilfe ablehnen.

2 Tripp, Paul David: *Whiter than Snow: Meditations on Sin and Mercy*. (Wheaton, IL: Crossway, 2008), S. 32.

2 Buße – ein erfrischendes Geschenk

1 Allender, Dan: *The Wounded Heart.* (Colorado Springs: NavPress, 1990), S. 202.

2 Tripp: *Whiter than Snow*, S. 41.

3 Wiederherstellung von Beziehung

1 Im englischsprachigen Raum gibt es mehrere hilfreiche Aufzählungen, wie man seine persönlichen Götzen identifizieren kann. Suche im Internet unter dem Stichwort „*How do I discover my idols?*“.

2 Fitzpatrick, Elyse: *Comforts from the Cross: Celebrating the Gospel One Day at a Time.* (Wheaton, IL: Crossway, 1009), S. 116.

3 Keller, Timothy J.: *Counterfeit Gods: The Empty Promises of Money, Sex, and Power, and the Only Hope That Matters.* (New York: Dutton, 2009), S. XVII.

4 Childers, Steve: „True Spirituality: The Transforming Power of the Gospel“. Global Church Advancement. www.gca.cc.

4 Eine erneuerte Identität: Kind Gottes oder Waise

1 Packer, J. I.: *Gott erkennen.* Übers. v. U. H. Schmidt & B. Schmidt. (Leun: Herold-Buch, 2014). S. 242.

5 Auf Sünde reagieren

1 Miller, Rose Marie: *From Fear to Freedom.* (Colorado Springs: WaterBrook, 1994), S. 5.

7 Der Kreislauf der Gnade in der Praxis

1 Hawks, Annie S.: „Ich brauch dich allezeit". Übers. v. E. Gebhardt. *Glaubenslieder.* (Wuppertal & Zürich: Brockhaus Verlag, 1993), Lied 203.

2 Bell, David E. et al.: „Grace Flows Down". *Passion: One Day Live* (Sparrow, 2000).

3 Nockles, Christy et a.: „Already All I Need". Sixsteps Music, 2012. (Abdruck mit Genehmigung.)

4. Marks, Kevin, zitiert v. Bonnie Gray, „Touching the Artistic Life You've Hidden Deep Inside", 28. Mai 2012. Siehe www.incourage.me.

5 Fitzpatrick, Elyse: *Because He Loves Me: How Christ Transforms Our Daily Life.* (Wheaton, IL: Crossway, 2008), S. 109.

Dank

Dieses Buch ist das Produkt der Arbeit einer ganzen Reihe von Menschen. Der Inhalt wurde von so vielen Personen geprägt, dass man ihre Fingerabdrücke auf jeder Seite finden kann. Dazu gehören viele meiner Freunde, Teilnehmer von Hauskreisen und auch mir völlig fremde Personen, die mich anriefen und mit denen ich mich am Telefon unterhielt.

Ich danke den Pastoren der *University Presbyterian Church (UPC)*, die mich im Laufe der Jahre treu mit gesunden, aufs Evangelium hinweisenden Predigten versorgt haben. Besonders dankbar bin ich Pastor Mark Bates und seiner Frau Tricia, die mir in meiner Anfangszeit in der UPC halfen, meine eigenen Probleme zu verstehen.

Den Müttern von Co-op, Karen, Becky, Alisa, Deb und Renee: Ihr seid treue Freundinnen, und ich muss bei dem Gedanken lachen, welche Kreise unsere Gespräche zogen, wenn wir stundenlang über diese Wahrheiten sprachen. Danke, dass ihr mich auf meiner Reise begleitet und mich so ermutigt habt. Ich bin sehr froh, dass ihr an meiner Seite steht.

Danke an die *CC Smart Mama Bible Study* vom Sommer 2011, denn ihr habt mich gezwungen, alles aufzuschreiben. Danke an meine lieben Freunde Johnny und Christy LaLonde, die an einem Abend in eine Acht einen Kreis mit Notausgängen zeichneten. Ihr seid Genies!

Besonders zu Dank verpflichtet bin ich Deb McCrary, denn ihre Zeichnungen haben den Kern der Botschaft meiner Grafik getroffen. Du hast allem Leben eingehaucht und dieses Buch würde es ohne dich nicht geben. Ich bin wirklich froh, dass du „Aufhören zu malen" wieder von der Liste deiner Neujahrsvorsätze gestrichen hast. Du hast eine Gabe. Mal weiter!

Schließlich danke ich meinem geliebten Ehemann David und unseren Kindern Ryan, Sarah und Kyle: Ihr seht mich an den Tagen, an denen ich mich wie ein geistliches Waisenkind verhalte und damit kämpfe, wie sein Kind zu leben. Ihr kennt alle meine Seiten (auch die wirklich ekligen), aber ihr liebt mich trotzdem. Danke!

Nancy Leigh DeMoss

Der Schlüssel zur Freude

Wie eine dankbare Haltung
Ihr Leben verändert
Geb., 288 Seiten

„Dankbarkeit und Freude gehen Hand in Hand", heißt es. Dabei resultiert Dankbarkeit nicht automatisch aus schönen Erlebnissen. Man muss sich bewusst für sie entscheiden. Öffnen Sie Ihren Blick für Dinge, für die Sie dankbar sein können, und erleben Sie echte Freude!

Best.-Nr. 271.027

ISBN 978-3-86353-027-3

Nancy Leigh DeMoss

Das Tor zur Freiheit

Wie Vergebung Ihr Leben verändert

Geb., 288 Seiten

Vergeben fällt selten leicht. Doch das Wort Gottes gibt Hilfen, um von der Bitterkeit der Unversöhnlichkeit loszukommen. Nancy Leigh DeMoss beleuchtet diese biblischen Prinzipien und macht deutlich: Wir müssen uns bewusst dafür entscheiden, sie anzuwenden. Erst dann gelingt echte Vergebung und der Weg in die Freiheit wird gebahnt.

Best.-Nr. 271.101

ISBN 978-3-86353-101-0